THE STAR BY MY HEAD

Poetry in Translation from Milkweed Editions

· · · · ·

Black Stars by Ngo Tu Lap
Translated from the Vietnamese
by Martha Collins and Ngo Tu Lap

Blood of the Sun by Salgado Maranhão
Translated from the Portuguese (Brazil) by Alexis Levitin

The Art of Writing by Lu Chi
Translated from the Chinese by Sam Hamill

Trusting Your Life to Water and Eternity: Twenty Poems
by Olav H. Hauge
Translated from the Norwegian by Robert Bly

THE
STAR
BY MY
HEAD

Poets From Sweden

Selected and translated
from the Swedish
by Malena Mörling
& Jonas Ellerström

Poetry Foundation's Harriet Monroe Poetry Institute
Ilya Kaminsky, *Poets in the World* series editor

Published 2013 by Milkweed Editions with The Poetry Foundation
Printed in the United States of America
Cover design by Ryan Scheife, Mayfly Design
Cover photo/illustration by Ekta
21 22 23 24 25   7 6 5 4 3

Milkweed Editions, an independent nonprofit publisher, gratefully acknowledges sustaining support from the Bush Foundation; the Patrick and Aimee Butler Foundation; the Driscoll Foundation; the Jerome Foundation; the Lindquist & Vennum Foundation; the McKnight Foundation; the voters of Minnesota through a Minnesota State Arts Board Operating Support grant, thanks to a legislative appropriation from the arts and cultural heritage fund, and a grant from the Wells Fargo Foundation Minnesota; the National Endowment for the Arts; the Target Foundation; and other generous contributions from foundations, corporations, and individuals. For a full listing of Milkweed Editions supporters, please visit www.milkweed.org.

Library of Congress Cataloging-in-Publication Data
The star by my head : poets from Sweden / selected and translated from the Swedish by Malena Mörling & Jonas Ellerström. — First edition.
    pages cm
ISBN 978-1-57131-461-1 (alk. paper) — ISBN 978-1-57131-903-6 (e-book)
1. Swedish poetry—Translations into English. I. Mörling, Malena, 1965– editor of compilation, translator. II. Ellerström, Jonas, editor of compilation, translator.
PT9590.E5S65 2013
839.71'7408—dc23
                              2013024300

Milkweed Editions is committed to ecological stewardship. We strive to align our book production practices with this principle, and to reduce the impact of our operations in the environment. We are a member of the Green Press Initiative, a nonprofit coalition of publishers, manufacturers, and authors working to protect the world's endangered forests and conserve natural resources.

The Star by My Head is a publication of the Poetry Foundation and Milkweed Editions. This book is published as part of the Poets in the World series created by the Poetry Foundation's Harriet Monroe Poetry Institute.

For Bill and for Elisabeth

CONTENTS

Bruno K. Öijer (1951–)

A Brief History of Modern Swedish Poetry

INTRODUCTION

Malena Mörling

What is a poem? How do you translate poetry?
Nobel Laureate and Swedish poet Tomas Tranströmer once
wrote:

> A poem is a manifestation of an invisible poem that
> exists beyond the conventional languages. Therefore, a
> translation of a poem into a new language is an opportu-
> nity to attempt to realize the original (invisible) poem.

In this regard, poems are not static, final entities; rather, they are
made up of possibilities and transformations and, like a person
who travels, they are inevitably changed by the journey.

This anthology began many years ago when I first translated
Gunnar Ekelöf in graduate school. I also translated a few poems
by Werner Aspenström back then. It was only a little later that I
began translating Tomas Tranströmer and most recently, Edith
Södergran. Some of the translations here are entirely new and
some are collaborative re-translations.

The poets appear here chronologically and the poems are
also in their chronological order of publication. The first poet is
Edith Södergran (1822–1923). This Finland-Swedish poet was
arguably the first Scandinavian modernist. Sadly, her life was cut
short by tuberculosis at the age of thirty-one. Her genius was
not fully acknowledged during her life and it was not until after

her death that she was recognized as a major writer. After a less than favorable reception of her first collection of poems entitled simply *Poems* and published in 1916, she wrote a bold preface to her second book *The September Lyre*, published two years later:

> That my writing is poetry, no one can deny, that it is verse I won't claim. I have tried to bring certain defiant poems to adhere to a rhythm and thereby realized that I possess the power of words and images only through total freedom, e.g. at the cost of the rhythm. My poems ought to be considered as careless scribbles. As far as the content is concerned, I let my instinct build up what my intellect in its pending stance witnesses. My self-confidence is due to the fact that I have realized my dimensions. It doesn't suit me to make myself smaller than I am.

In Södergran's poem "Decision," which appears to be her own *ars poetica*, the speaker addresses the subject of being known—or rather, in this case, of not being known accurately. "I am a remarkably mature person / but no one really knows me. / My friends create a false image of me. / I am not tame. / I have weighed tameness in my eagle claws and know it well. / Oh eagle, what sweetness in your wings' flight." She so directly and eloquently pits tameness against what is wild here—as to perhaps suggest that the art and act of writing poetry to her is indefinable, that it is synonymous with what is wild.

Further, she ends the poem with the lines: "Every poem shall be the tearing up of a poem, / not a poem, but claw marks." It is as if Edith Södergran meant that the writing of a poem in itself was not enough, that the writing of a poem must also involve "the tearing up of a poem" as in the tearing up of whatever established formalities define poetry. Did she mean then, I am tempted to ask, that each poem must be urgent enough and wild enough in its own spontaneity to transcend itself, and thereby evolve the art?

Gunnar Ekelöf (1907–1968) was the next major Scandinavian modernist, who with his first collection of poems *Late On Earth*, published in 1932, introduced surrealism to Swedish poetry. Influenced by Charles Baudelaire, Arthur Rimbaud, Ezra Pound and T. S. Eliot, Ekelöf developed, through various stages and poetical personae, into the most important poet of his time, with a thematic and stylistic scope that remains unrivaled.

I recall first translating Ekelöf's longer poem "Voices below Ground" many years ago, as I have mentioned, along with a few others. In "Voices below Ground" we are presented with the metaphysical equivalent of the children's game "Do not touch the ground"—except this game I would call, "Do not fall into the abyss." Aside from showing the innate human need to be in constant contact with what is material, even if it is something as tenuous as a thread: "I want to go from the red thread to the blue"—Ekelöf masterfully presents the personified actions of objects: "The earth is winding time slowly and without emotion around its axis,/ more elastic than any rubber-band." Or "—How the lanterns are staring hard! /—They're keeping watch over the stones. /—That far below the surface? /—There is no surface!"

Often in Ekelöf's poems, it is as if what is opposite is joined by a hinge—an invisible hinge, that he somehow could, in his awareness, see and therefore know the relative value of any given linguistic implication in its relation and dependence upon its immediate counterpart. Perhaps this is why a poem of his is always much more than the sum of its parts and the words and their meanings are only one of several factors of the so-called equation. I think this is true of his lyric "Poetics":

You should listen to the silence
the silence behind the proclamations, the allusions

the silence in the rhetoric
or in the so-called formally complete
This is a search for meaninglessness
in what is meaningful
and the other way around
And everything I so artfully seek to compose
is conversely something artless
and the entire fullness empty
What I have written
is written between the lines

I recall too that around the same time as I was translating Ekelöf,
I was also reading Werner Aspenström and became especially
enamored of his poem "You and I and the World" for its sheer
simplicity and its beautifully existential implication:

Don't ask who *you* are or who *I* am
and *why* what is, is.
Let the professors sort it out,
it's their job.
Place the scale on the kitchen table
and let reality weigh itself.
Put your coat on.
Turn the light off in the hallway.
Close the door.
Let the dead embalm the dead.

Here we walk now.
The one wearing white rubber boots
is you.
The one wearing black rubber boots
is me.
And the rain falling on us both
is the rain.

In seven directives and four statements, he allows each object and each action to simply be what it is without any description or commentary. As a result, he addresses the condition of being—that undervalued but deeply mysterious human means of acceptance of what is—exactly as it is—in the very presence of its being. Aspenström was a master of clarity and brevity as well as of a sense of innate human mystery.

It was due to another haunting a year or two later that I began to translate some poems by the 2011 Nobel Laureate, Tomas Tranströmer. A poem by Tranströmer is often born out of the nexus of a change, out of a reversal of a predicted course of events as the first three lines of his poem "The Half-Finished Heaven" indicate: "Dejection breaks off its course. / Dread breaks off its course. / The vulture breaks off its flight." It is in the context of such a change that people, objects, and places directly and seemingly effortlessly appear: "The eager light pours forth, / even the ghosts take a gulp." It is well known by now that Tranströmer possesses an innate transcendent vision and cannot see the light without also seeing the ghosts. He cannot see a person without also seeing "a half-open door / leading to a room for all." Nor the lake without seeing "a window to the earth."

In his poem "Secrets On the Way" we experience alongside the speaker a moment when: "Suddenly it turned dark as in a downpour. / I stood in a room that held every moment— / a butterfly museum." I believe that one of Tranströmer's primary gifts is his ability to crack open the moments and reveal the meeting places within them—in this case a moment that holds within it every single other moment that has ever occurred. He vivifies it so beautifully and emotionally precisely with the metaphor "a butterfly museum."

Tua Forsström is one of the most important and evocative contemporary Finland-Swedish poets. In her poems the mystery is also a deep well. For instance, consider the opening lines of one of her untitled poems from her collection *The Parks*: "There is a door to / the darkness, you get used to it. / You get used to everything: houses / and expensive watches. You can / sit on the steps and think about / trains departing from the large / train stations in Europe. Gloves / left behind. The scent of phlox." And in her poem "The Angels in Karis" she reports of angels, angels wearing the wrong shoes in winter as they are walking "back and forth, smoking" at the train station, and as the "snow falls lightly, glittering / It falls lightly on their eyelashes." Aside from this relative levity, it is Forsström's eye for what is devastating for us humans that gives this poem its heft and emotional resonance. And it is that the angels are laughing and that they know the godforsaken places: "Nothing terrifies us more / than the godforsaken places" except, of course "...that which is red-rimmed."

Born in 1948, a year after Tua Forsström, Kristina Lugn became celebrated in the eighties in Sweden beginning with her collection of poems *Looking for Aquaintance with Older Educated Gentleman.* I recall at that time being completely taken by her frankness as a person—her ability to speak directly and totally honestly without internal calculations, as if her agenda was the truth—our good old, but often forgotten friend, the truth. And I have always loved Kristina Lugn's whimsy and intricate playfulness. Her logic is most often emotional—driven by her deeply evocative and lively lyricism. "I washed the sheets / until they smelled like apples. / Our bicycles were still in the basement. // I hung up a dress / and moved inside of it. / Almost like a musician." Her poems are informal and ingeniously eventful and driven by a perpetual social criticism that manifests itself in the voice of a speaker who is grounded and utterly and beautifully human.

The poems we have included here by Marie Lundquist are all poems written in a delicate and justified prose and placed as if they were a photograph or even a transom window on the upper part of the page. They are all from her exquisite collection of prose poems *A Simple Tale,* published in Sweden in 2005.

Lundquist sculpts a richness of scenarios often involving complex emotional relationships mired in time and always in a vivid and evocative place. She knows how to chip straight through to the core of a situation and present stunning—even fiercely painful transformations:

> I saw my mother with her eyes soldered shut by death and her mouth small, wrapped around the core of speech. Memory speaking through a black sieve. Regarding the premise of all life: that she touched me, painted my body with the sable hair of her gaze.

Finally, we conclude the anthology with Bruno K. Öijer's lucidly surreal and syntactically suggestive poems. They are often deeply lyrical and resonant recollections—or if you will, meditations on the invisible passage of time in which we are all equally and seamlessly implicated. In the poem "Hold Him There" Öijer provides a domestic childhood dreamscape in which he likens the traditional Swedish tile oven to a queen wearing a long white gown. He portrays her as a constant presence that "with her single brass eye / saw everything that occurred / where the die had rolled under the couch / that one of the crayons was broken in half / that the purse on the table / was thin and nearly empty" and "she heard the black steam engine / pull its freight around the room / rattle its way through the evening darkness / with its tiny lit eyes raised above the carpet." It is not until the subsequent line: "and in the dream" that a turn takes place and a speaker steps in to say: "everything was obvious and simple / without thinking / I had phoned my childhood"—at which point it is as if the poem folds back on itself: "when my mom answered / I asked to speak to myself." Öijer is a master at such seamless, stylistic maneuvers that effortlessly bridge disparate points in time and space, as if with sleight of hand.

Finally, I would like to add that this anthology is not meant to be fully representative of contemporary Swedish poetry. It is simply made up of poets and poems we love and whom we think will merit a wider audience outside of Sweden.

Octavio Paz said in an interview that he began translating poetry as an act of love. He said it was nothing if it was not an act of love.

THE STAR BY MY HEAD

Edith Södergran

(1892–1923)

Södergran was born in St. Petersburg, Russia and lived in the partly Swedish-speaking southeast Finland. She knew seven languages and began to write poems in German while young, but wrote all of her mature poetry in Swedish in a manner that was emotionally intense and intuitively and beautifully ragged. She died from tuberculosis on midsummer's eve in 1923 at the young age of thirty-one. Södergran was arguably the first Scandinavian modernist. She has had a decisive and far-reaching influence on Swedish poetry. The poems we have chosen are taken from her entire poetic career between 1916 and 1922.

JAG SÅG ETT TRÄD

Jag såg ett träd som var större än alla andra
och hängde fullt av oåtkomliga kottar;
jag såg en stor kyrka med öppna dörrar
och alla som kommo ut voro bleka och starka
och färdiga att dö;
jag såg en kvinna som leende och sminkad
kastade tärning om sin lycka
och såg att hon förlorade.

En krets var dragen kring dessa ting
den ingen överträder.

I SAW A TREE

I saw a tree larger than all the rest
and full of unreachable pine cones;
I saw a large church with its front doors swung open
and all who walked outside were pale and strong
and ready to die;
I saw a woman who smiling and wearing makeup
gambled with her luck
and I saw that she lost.

A circle was drawn around these things
no one will step across.

VIERGE MODERNE

Jag är ingen kvinna. Jag är ett neutrum.
Jag är ett barn, en page och ett djärvt beslut,
jag är en skrattande strimma av en scharlakanssol...
Jag är ett nät för alla glupska fiskar,
jag är en skål för alla kvinnors ära,
jag är ett steg mot slumpen och fördärvet,
jag är ett språng i friheten och självet...
Jag är blodets viskning i mannens öra,
jag är en själens frossa, köttets längtan och förvägran,
jag är en ingångsskylt till nya paradis.
Jag är en flamma, sökande och käck,
jag är ett vatten, djupt men dristigt upp till knäna,
jag är eld och vatten i ärligt sammanhang på fria villkor...

VIERGE MODERNE

I am not a woman. I am neuter.
I am a child, a tomboy and a rash decision,
I am a laughing streak of scarlet sunlight—
I am a net for all ravenous fish,
I am a toast in honor of all women,
I am a step toward chance and ruin,
I am a leap into freedom and the self—
I am the blood's whisper in men's ears,
I am the soul's fever chill, the desire and denial of the flesh,
I am an entrance sign to a new paradise.
I am a flame, searching and bold,
I am a body of water, deep but daring up to the knees,
I am fire and water in an earnest union on free terms—

STJÄRNORNA

När natten kommer
står jag på trappan och lyssnar,
stjärnorna svärma i trädgården
och jag står i mörkret.
Hör, en stjärna föll med en klang!
Gå icke ut i gräset med bara fötter;
min trädgård är full av skärvor.

THE STARS

As night arrives
I stand on the steps and listen,
the stars are swarming in the garden
and I stand in darkness.
Did you hear, a star fell with a clang!
Don't walk barefoot in the grass;
my garden is full of shards.

TILL FOTS FICK JAG GÅ GENOM SOLSYSTEMEN

Till fots
fick jag gå genom solsystemen,
innan jag fann den första tråden av min röda dräkt.
Jag anar ren mig själv.
Någonstädes i rymden hänger mitt hjärta,
gnistor strömma ifrån det, skakande luften,
till andra måttlösa hjärtan.

ON FOOT I WANDERED THROUGH THE SOLAR SYSTEMS

On foot
I wandered through the solar systems,
before I found the first thread of my red dress.
Already I have a sense of myself.
Somewhere in space my heart hangs,
emitting sparks, shaking the air,
to other immeasurable hearts.

BESLUT

Jag är en mycket mogen människa,
men ingen känner mig.
Mina vänner göra sig en falsk bild av mig.
Jag är icke tam.
Jag har vägt tamheten i mina örnklor och känner den väl.
O örn, vilken sötma i dina vingars flykt.
Skall du tiga såsom allting?
Vill du kanske dikta? Du skall aldrig dikta mer.
Varje dikt skall vara sönderrivandet utav en dikt,
icke dikt, men klomärken.

DECISION

I am a remarkably mature person
but no one knows me.
My friends create a false image of me.
I am not tame.
I have weighed tameness in my eagle claws and know it well.
Oh eagle, what sweetness in your wings' flight.
Will you stay silent like everything?
Would you perhaps like to write? You will never write again.
Every poem shall be the tearing up of a poem,
not a poem, but claw marks.

INGENTING

Var lugn, mitt barn, det finnes ingenting,
och allt är som du ser: skogen, röken och skenornas flykt.
Någonstädes långt borta i fjärran land
finnes en blåare himmel och en mur med rosor
eller en palm och en ljummare vind –
och det är allt.
Det finnes icke något mera än snön på granens gren.
Det finnes ingenting att kyssa med varma läppar,
och alla läppar bli med tiden svala.
Men du säger, mitt barn, att ditt hjärta är mäktigt,
och att leva förgäves är mindre än att dö.
Vad ville du döden? Känner du vämjelsen hans kläder sprida,
och ingenting är äckligare än död för egen hand.
Vi böra älska livets långa timmar av sjukdom
och trånga år av längtan
såsom de korta ögonblick då öknen blommar.

NOTHING

Be calm, my child, there's nothing,
and everything is as it appears: the forest, the smoke
and the vanishing rails.
Somewhere far off in distant countries
there's a bluer sky and a wall with roses
or a palm tree and a tepid wind—
and that's all.
There's nothing besides the snow on the branch of the pine tree.
There's nothing to kiss with warm lips,
and all lips will grow cool with time.
But you're saying, my child, that your heart is strong,
and to live without meaning is worse than dying.
What do you want from death? Do you feel the disgust
his clothes are spreading
and nothing is more repulsive than death by your own hand.
We should love life's long hours of illness
and confined years of longing
as much as the brief moments the desert blooms.

MIN BARNDOMS TRÄD

Min barndoms träd stå höga i gräset
och skaka sina huvuden: vad har det blivit av dig?
Pelarrader stå som förebråelser: ovärdig går du under oss!
Du är barn och bör kunna allt,
varför är du fjättrad i sjukdomens band?
Du är bliven människa, främmande förhatlig.
Då du var barn förde du långa samtal med oss,
din blick var vis.
Nu ville vi säga dig ditt livs hemlighet:
nyckeln till alla hemligheter ligger i gräset i hallonbacken.
Vi ville stöta dig för pannan, du sovande,
vi ville väcka dig, döda, ur din sömn.

THE TREES OF MY CHILDHOOD

The trees of my childhood stand tall in the grass
and shake their heads: what has become of you?
Rows of pillars stand like accusations:
unworthy you walk beneath us!
You're a child and should know everything,
why are you caught in the trap of illness?
You've become a human being, strange, hateful.
When you were a child, you had long conversations with us,
your gaze was wise.
Now we'd like to tell you your life's secret:
the key to all secrets is in the grass on the raspberry slope.
Sleeper, we wanted to rattle you,
we wanted to wake you, dead one, from your sleep.

MÅNEN

Vad allting som är dött är underbart
och outsägligt:
ett dött blad och en död människa
och månens skiva.
Och alla blommor veta en hemlighet
och skogen den bevarar,
det är att månens kretsgång kring vår jord
är dödens bana.
Och månen spinner sin underbara väv,
den blommor älska,
och månen spinner sitt sagolika nät
kring allt som lever.
Och månens skära mejar blommor av
i senhöstnätter,
och alla blommor vänta på månens kyss
i ändlös längtan.

THE MOON

How everything dead is marvelous
and unspeakable:
a dead leaf and a dead person
and the disc of the moon.
And all flowers know a secret
and the woods preserve it:
that the moon's orbit around our earth
is the course of death.
And the moon weaves its wondrous web
loved by flowers,
and the moon weaves its fabulous web
around all that lives.
And on late autumn nights
the moon's scythe cuts flowers,
and in endless longing all flowers are waiting
for the moon's kiss.

Gunnar Ekelöf

(1907–1968)

Ekelöf was born in Stockholm and became one of the major Swedish poets of the 20ᵗʰ century. He studied in London and Paris while young, before publishing his extraordinary first collection, *Late on Earth*, in 1932. This was the first book of surrealistic poetry in Swedish and caused both scandal and sensation. Influenced by Arthur Rimbaud and T. S. Eliot, Ekelöf developed, through various stages and poetical personae, into the most important poet of his time. The poems selected here form a cross-section of his large output from 1932 until 1967, showing its remarkable thematic and stylistic scope.

blommorna sover i fönstret och lampan stirrar ljus
och fönstret stirrar tanklöst ut i mörkret utanför
tavlorna visar själlöst sitt anförtrodda innehåll
och flugorna står stilla på väggarna och tänker

blommorna lutar sig mot natten och lampan spinner ljus
i hörnet spinner katten yllegarn att sova med
på spisen snarkar kaffepannan då och då med välbehag
och barnena leker tyst med ord på golvet

det vita dukade bordet väntar på någon
vars steg aldrig kommer uppför trappan

ett tåg som genomborrar tystnaden i fjärran
avslöjar inte tingenas hemlighet
men ödet räknar klockans slag med decimaler

the flowers are sleeping in the window
and the lamp is staring light
and the window stares thoughtlessly into the dark
the paintings soullessly show their entrusted content
and the flies are standing still on the walls and thinking

the flowers are leaning toward the night
and the lamp is spinning light
in the corner the cat spins yarns of wool to sleep with
on the stove from time to time the coffee pot
is snoring with comfort
and the children play quietly with words on the floor

set with a white cloth the table is waiting for someone
whose steps will never come up the stairs

a train that pierces the silence in the distance
does not reveal the secret of things
but fate is counting the strokes of the clock with decimals

EN VÄRLD ÄR VARJE MÄNNISKA

En värld är varje människa, befolkad
av blinda varelser i dunkelt uppror
mot jaget konungen som härskar över dem.
I varje själ är tusen själar fångna,
i varje värld är tusen världar dolda
och dessa blinda, dessa undre världar
är verkliga och levande, fast ofullgångna,
så sant som jag är verklig. Och vi konungar
och furstar av de tusen möjliga inom oss
är själva undersåtar, fångna själva
i någon större varelse, vars jag och väsen
vi lika litet fattar som vår överman
sin överman. Av deras död och kärlek
har våra egna känslor fått en färgton.

Som när en väldig ångare passerar
långt ute, under horisonten, där den ligger
så aftonblank. – Och vi vet inte om den
förrän en svallvåg når till oss på stranden,
först en, så ännu en och många flera
som slår och brusar till dess allt har blivit
som förut. – Allt är ändå annorlunda.

Så grips vi skuggor av en sällsam oro
när något säger oss att folk har färdats,
att några av de möjliga befriats.

EVERY HUMAN IS A WORLD

Every human is a world, peopled
with blind creatures in a dim uproar
against the self, the king that rules over them.
In each soul a thousand souls are trapped,
in each world a thousand worlds are hidden
and they are blind, these lower worlds,
they are real and alive, but premature
as true as I am real. And we kings
and princes of the thousands possible within
are ourselves subjects, trapped ourselves
inside some larger creature, whose self and being
we just as little know as our superior
his superior. Of their death and love
our own feelings have received a tinge of color.

As when a tremendous steamship passes
far out, below the horizon, where it lays
so still in the sheen of the evening.—And we're not aware of it
until a surge of waves reaches us on the beach,
first one, then another and many more
crashing, roaring until everything has become
as before.—Yet everything is different.

We who are shadows get caught by a rare unrest
when something is telling us there are those who've travelled,
that some of the possible ones have become free.

SUNG

Det är stjärnklart i kväll.
Luften är ren och kall.
Månen söker hos alla ting
sitt förlorade arv.

Ett fönster, en blommande gren
och det är nog:
Ingen blom utan jord.
Ingen jord utan rymd.
Ingen rymd utan blom.

SUNG

The night tonight is a starry clear one.
The air is clean and cold.
The moon is searching in all things
for its lost inheritance.

A window, a blooming branch,
and that's enough:
No flowers without earth.
No earth without space.
No space without something blooming.

EUFORI

Du sitter i trädgården ensam med anteckningsboken,
    en smörgås, pluntan och pipan.
Det är natt men så lugnt att ljuset brinner utan att fladdra,
sprider ett återsken över bordet av skrovliga plankor
och glänser i flaska och glas.

Du tar dig en klunk, en bit, du stoppar och tänder din pipa.
Du skriver en rad eller två och tar dig en paus och begrundar
strimman av aftonrodnad som skrider mot morgonrodnad,
havet av hundlokor, skummande grönvitt i somarnattsdunklet,
inte en fjäril kring ljuset men körer av myggor i eken,
löven så stilla mot himlen...Och aspen som prasslar i stiltjen:
Hela naturen stark av kärlek och död omkring dig.

Som vore det sista kvällen före en lång, lång resa:
Man har biljetten i fickan och äntligen allting packat.
Och man kan sitta och känna de fjärran ländernas närhet,
känna hur allt är i allt, på en gång sitt slut och sin början,
känna att här och nu är både ens avfärd och hemkomst,
känna hur liv och död är starka som vin inom en!

Ja, vara ett med natten, ett med mig själv, med ljusets låga
som ser mig i ögonen stilla, outgrundligt och stilla,
ett med aspen som darrar och viskar,
ett med blommornas flockar som lutar sig ut ur dunklet
    och lyssnar
till något jag hade på tungan att säga men aldrig fick utsagt,
något jag inte ville förråda ens om jag kunde.
Och att det porlar inom mig av renaste lycka!

EUPHORIA

You sit in the garden alone with your notebook,
      sandwich, flask and pipe.
It's night but so calm the candle burns without a flicker
spreading a reflection across the table of rough planks
and gleaming in flask and glass.

You take a sip, a bite, you stop and light your pipe.
You write a line or two and pause and ponder
the streak of evening glow gradually turning into morning glow,
the foaming sea of wild chervil, green-white in the shadows
      of the summer night.
Not a single butterfly near this flame but choirs of ants in the oak,
the leaves so still against the sky... And the aspen rustling
      in the calm:
All around you, nature is ripe with love and death.

As if it were the evening before a long journey:
You have your ticket and everything is finally packed.
And you sit here almost feeling the presence of distant countries,
feeling how everything is in everything, at once its end
      and its beginning,
feeling that here and now is both your departure and your return,
feeling that life and death are strong like wine inside you.

Yes, to be one with the night, one with myself, with the flame
that looks me calmly in the eye, calmly and inscrutably,
one with the aspen that shivers and whispers,
one with the multitude of flowers that lean out of the dark
      and listen
to something I had on the tip of my tongue but never uttered

Och lågan stiger... Det är som om blommorna trängde sig
  närmre,
närmre och närmre ljuset i skimrande regnbågspunkter.
Aspen skälver och spelar, aftonrodnaden skrider
och allt som var outsägligt och fjärran är outsägligt och nära.

. . . . .

Jag sjunger om det enda som försonar,
det enda praktiska, för alla lika.

something I did not want to reveal even if I could.
And that there is a murmuring inside me of the purest joy.
And the flame rising… It's as if the flowers were pushing closer,
closer and closer to the flame like a spray of rainbow light.
The aspen quivering and playing, the evening glow tiptoeing
and all that was unutterable and distant is unutterable and close.

. . . . .

I sing of the one reconciliation,
of what is practical, for each and everyone alike.

RÖSTER UNDER JORDEN

Timmarna går. Tiden förgår.
Det är sent eller tidigt för olika människor
Det är sent eller tidigt för olika ljus.
– Stilla stöter morgonljuset sömnens drog
och gömmer undan den i alla apotek
(med de svart-vit-rutiga golven) –
färglös och gryningsbitter
själv trött som aldrig år och dagar intill döden...
– Jag längtar från den svarta rutan till den vita.
– Jag längtar frånden röda tråden till den blå.

Den där unge mannen! (det är något fel med hans ansikte) –
Den där bleka flickan (hennes hand är hos blommorna i
    fönstret:
hon existerar bara i samband med sin hand
som bara existerar i samband med...)
Fågeln som flyger och flyger. Med sin flykt.
Någon som gömmer sig. Andra som bara finns i samband med
    annat.
Gumman som smyger och smyger tills hon blir upptäckt.
Då vänder hon sig listigt leende och retirerar.
Men hon kommer tillbaka.
Vaktmästaren vid pulpeten (målad i genomnött furuådring).
    Han har inga ögon.
Barnet vänt mot den svarta tavlan, alltid vänt emot tavlan.
Pekpinnens gnissel. Var är handen?
Den finns hos blommorna i fönstret.
Lukten av krita. Vad säger oss lukten av krita?
Att timmarna går, tiden förgår.
Att sakta pulvriserar morgonljuset sömnens drog...
...med de svart-vit-rutiga golven –

VOICES BELOW GROUND

The hours pass. Time passes away.
It is late or early for different people,
it is late or early for different lights.
—In stillness the morning light pounds
the drug of sleep and hides it away in all the pharmacies
(with the black and white checkered floors)—
colorless and bitter at dawn
myself tired like never before years and days until my death...
—I want to go from the black square to the white
—I want to go from the red thread to the blue.

That young man! (there is something wrong with his face)—
That pale girl! (her hand is with the flowers in the window:
she only exists in relation to her hand
which only exists in relation to...)
The bird that flies and flies and flies. With its flight.
Someone who is hiding. Others who only exist in relation to
    other things.
The old woman who tiptoes and tiptoes until she is detected.
Then she turns craftily smiling and retires.
But she comes back.
The custodian at the pulpit (painted, worn pine grain). He does
    not have any eyes.
The child turned to the blackboard, always turned to
    the blackboard.
The pointer scraping. Where is the hand?
It is with the flowers in the window.
The smell of chalk. What does the smell of chalk tell us?
That the hours pass, time passes away.
That slowly the light of morning pulverizes the drug of sleep.
... with the black and white checkered floors—

– Archaeopteryx! Vilket vackert namn!

Archaeopteryx! Min fågel!

– Varför kvittrar den så olyckligt?

– Den kvittrar om sitt liv, vill flyga bort, har kanske redan flugit.

Jag smekte den redan som sten.

Med tusenåriga slag slog mitt stenhjärta i ådrorna.

Kanske fanns det förstenade fåglar och ödlor därinne!

Rhamphorhyncus! Archaeopteryx!

I ett nytt ljus blev stenen levande fågel och flög sin kos

men kommer ibland av plikt eller vana tillbaka.

Alltid blir någon liggande kvar, det är det hemska.

– Iguanodon!

Fågeln är borta men säger sig vara kvar – är det för att skydda sig?

Hur skulle den vara kvar? Den är inte kvar. Det är du som är

kvar.

Fågeln är fri. Det är du som väntar.

– Jag väntar.

– Jag längtar till fågeln som flyger och flyger

med sin flykt.

Själv blev jag bunden vid stenen, den forna stenen.

Sista tiden har fågeln klagat på att den inte kan sova.

Vem kan sova?

Jag väckte fågeln en natt – den var hemma.

Jag väckte den därför att mina tankar plågade mig.

Jag ville veta.

Fågeln säger sig flyga bort för att kunna göra mig så mycket

större glädje –

En diplomatisk frihetskamp!

Jag smekte en sten, jag blev en sten.

Jag blev sista biten i puzzlespelet

biten som ingenstans passar, bilden hel mig förutan.

Alltid blir någonting över, det är det hemska.

—Archaeopteryx! What a beautiful name!
—Archaeopteryx! My bird.
—Why does it chirp so unhappily?
—It's chirping about its life, wants to fly away, has perhaps
    already flown.
I caressed it already as a stone.
With several-thousand-year-old beats, my stone heart pounded
    in my veins.
Perhaps there were petrified birds and lizards in there!
Rhamphorhyncus! Archaeopteryx!
In a new light the stone became a living bird and flew off
but comes back sometimes out of obligation or habit.
There is always someone who remains, that is the terrible thing.
—Iguanodon!
The bird is gone but claims to still be here—is that to protect
    itself?
How could it still be here? It is not here. You're the one who's here.
The bird is free. You're the one waiting.
—I'm waiting.
I long for the bird that flies and flies
with its flight.
I, it turns out, was tied to the rock, the ancient rock.

Lately the bird has complained about not being able to sleep.
Who can sleep?
I woke the bird one night—it was at home.
I woke it because my thoughts were plaguing me.
I wanted to know.
The bird claims to have flown away in order to provide for me
    a much larger happiness—
I caressed a stone, I became a stone.
I became the last piece in the puzzle,
the piece that doesn't fit anywhere, the picture whole without me.

Allting vände sig i mig, allting förflyktigades.
Fågeln tog mina vingar och skänkte dem åt ett annat ljus.
Det släcktes. Det blev mörkt.
Archaeopteryx! Archaeopteryx!
Jag trevade omkring mig, fick ingenting i händerna
ingenting att minas, ingenting att glömma...
— Finns ingen glömska i avgrundens hus?
— Inte när allt är avgrund.
— Finns inget ljus?
— Inte när det är släckt.
— Är det dag eller natt?
— Det är natt.
— Vad lyktorna stirrar hårt!
— De håller vakt över stenarna.
— Så långt under ytan?
— Det finns ingen yta!
Men där, på bottnen, ser jag en ensam kalksten bland fiskarna...
Stumma, döva strövar de kring i sitt eget ljus.
Den har inget ljus.
Den har ingen botten.
Den kan inte sluta sina ögon över någons lycka.
Den kan inte öppna dem.
— Detta är helvetet!
— Nej, det är tomhet.
Och stjärnornas hus är tomt
och själarna
drar bort ur universum —
Jorden lindar sakta och känslolös tiden kring sin axel,
mer uttänjbar än något gummiband.
Fötterna måste ta spjärn i den ändlöst vindlande spiraltrappan,
trappspindeln som vrider sig svindlande likt en storögd dröm
från avsats till avsats, i trappsteg på trappsteg av sten...
Du håller huvudet stilla:

There is always something that remains, that is what is terrible.
Everything turned in me, everything evaporated.
The bird took my wings and donated them to another light.
It was extinguished. It got dark.
Archaeopteryx! Archaeopteryx!
I groped around in the air, got nothing in the hands
nothing to remember, nothing to forget ...
—There is no forgetting in the house of the abyss.
—Not when everything is the abyss.
—Is there no light?
—Not when it's turned off.
—Is it night or day?
—It's night.
—How the lanterns are staring hard!
—They're keeping watch over the stones.
—That far below the surface?
—There is no surface!
But there on the bottom I see a lone limestone among the fish ...
Dumb, deaf they wander around in their own light.
It doesn't have light.
It has no bottom.
It can't close its eyes over anyone's happiness.
It can't open them.
—This is hell!
—No, it is emptiness.
And the house of the stars is empty
and the souls
retreat out of the universe—
The earth is winding time slowly and without emotion around
    its axis,
more elastic than any rubber band.
I must put my feet against the ever winding spiral staircase,
the stair spider turning dizzying like a big-eyed dream

Du tvingas att ta trappstegen ett efter ett och kroppen vrider sig:
Du vrider huvudet av dig.
Du kvävs i sten, du svävar i trögflytande sten, du sover därinne.
Fåglar och snäckor sover därinne som du
med ödlor och blommor,
till och med regndroppar sover
på kuddar av sten, under lakan av sten.
Med tusenåriga slag slår deras hjärtan av sten
i ådror av sten.
I årbillioner av sten virvlar tiden dem med sig
i rasande stormar av sten genom hav av sten
till himlar av sten...
– Var är jag? Var är du?
– Vakna!
– Var är jag?
– I avgrundens hus.
– Finns ingen glömska i avgrundens hus?
– Inte ens egen men andras.
Och alla dessa sjuklingar som driver hemlösa runt salarna
har bara väggar till läkare.
Feberkurvorna stapplar härs och tvärs över de tillbommade
    dörrarna.
Allting ligger på rygg, allting vänder sig
ständigt och ständigt på rygg. Man vet inte
vad som är upp eller ner. Allting vänder sig
ständigt och ständigt på rygg,
till och med stolarna, till och med väggar och golv.
Allt vänder sig.
Allas ögon är blanka och tomma som fönstren,
man ser inte natt eller dag...
– Är det natt eller dag?
– Det är natt
och natten vilar speglande och svart mot fönsterrutorna.

from landing to landing, on steps on top of steps of stone . . .
You hold your head still:
You're forced to take the steps one by one and the body twists
    itself:
You twist your head off.
You are choked in stone, you float in viscous stone, you sleep
    in there.
Birds and shells sleep in there like you
with lizards and flowers,
even raindrops sleep
on pillows of stone, beneath sheets of stone.
With a thousand-year-old pounding, their stone hearts beat
    in veins of stone.
During billions of years of stone, time whirls them along
in raging storms of stone through oceans of stone
to heavens of stone . . .
—Where am I? Where are you?
—Wake up!
—Where am I?
—In the house of the abyss.
—Is there no forgetting in the house of the abyss?
—Not one's own but others'.
And all these sickly people that drift homeless around the wards
only keep the walls as their doctors.
The fever-curves totter here and there over the barred doors.
Everything is lying on its back, everything is continually turning
over onto its back. It is not possible to know
what is up or down. Everything is continually turning over
onto its back,
even the chairs, even floors and walls.
Everything is turning.
Everyone's eyes are glazed and empty like windows,
it's not possible to detect night or day . . .

Natten stiger, natten är snart vid fjärde våningen.
Natten är snart vid femte våningen.
Natten är snart vid sjätte våningen.
Nu är natten vid sjunde våningen.
– Hur många våningar finns det?
– Många.
– Vilket oerhört tryck mot rutorna i bottenvåningen!
Sprängdes de skulle natten forsa in,
fylla golven med mörker, stiga från våning till våning!
– Undan däruppe i trappan!
– Trängs lagom!
– Snubbla på bara!
Det dunkar i värmeledningen som i ett ansträngt hjärta,
det blinkar dött i lamporna när de presterar mottryck
och söker hålla mörkret nere.
En vit ensamhet mot en svart ensamhet.
Eller en svart ensamhet mot en vit ensamhet.
Och medan mörkert forsar omkring husets gavlar
kommer ur alla dessa ensamheter rop på rop av tystnad:
– Vem är du, skugga vid den furumålade pulpeten,
fläckad av skolbläck, ristad med pennknivar
genom de många generationernas lager av påmålningar?
– Döden blev förbigången vid alla befordringar.
Döden blev sittande på sin plats som en usel vaktmästare.
Timmarna går. Tiden förgår.
Sakta pulvriserar morgonljuset sömnens drog.
– Jag längtar från den svarta rutan till den vita.
– Jag längtar från den röda tråden till den blå.

—Is it night or day?
—It's night
and the night is resting reflected and black
     against the windowpanes.
The night is rising, the night is about to reach the fourth floor.
The night is about to reach the fifth floor.
The night is about to reach the sixth floor.
Now the night has reached the seventh floor.
—How many floors are there?
—Many.
—What incredible pressure against the windowpanes
     on the ground floor!
If they exploded the night would rush in,
fill the floors with darkness, rise from floor to floor!
—Move up there in the stair!
—Out of the way!
—Sure, keep on stumbling!
There's a pounding in the radiator like in a strained heart,
there's a dead flickering in the lamps as they exert counter pressure
and hold down the darkness.
A white loneliness against a black loneliness.
And while the darkness is rushing around the eaves of the house
cries on top of cries of silence pour out of all of these isolations:
—Who are you, shadow by the pine-painted pulpit,
stained with school ink, carved with penknives
through the many generations and layers of paint?
—Death was passed over with all the promotions.
Death was left sitting in his place like a worthless custodian.
The hours pass. Time passes away.
Slowly the light of morning pulverizes the drug of sleep.
—I want to go from the black square to the white
—I want to go from the red thread to the blue.

POETIK

Det är till tystnaden du skall lyssna
tystnaden bakom apostroferingar, allusioner
tystnaden i retoriken
eller i det så kallade formellt fulländade
Detta är sökandet efter ett meningslöst
i det meningsfulla
och omvänt
Och allt vad jag så konstfullt söker dikta
är kontrastvis någonting konstlöst
och hela fyllnaden tom
Vad jag har skrivit
är skrivet mellan raderna

POETICS

You should listen to the silence
the silence behind the proclamations, the allusions
the silence in the rhetoric
or in the so-called formally complete
This is a search for meaninglessness
in what is meaningful
and the other way around
And everything I so artfully seek to compose
is conversely something artless
and the entire fullness empty
What I have written
is written between the lines

EN ÄNGEL BESÖKER MIG VARJE NATT

En ängel besöker mig varje natt
Han rycker mig ur sängen av smärta
till en smärta av glädje
som blir en glädje av smärta
större än den jag hade –
– Hur kom du in i denna cell?
– Jag mutade väktaren
mitt sällskap vaktar därute ...
– Så fick jag den natten ett sällskap
som var ensamt
Hans dräkt var en resandes
som färdats lång väg
Och jag, en furstes dotter
vet vad som passar sig:
Ett bad! Jag gjorde mina ögon till ett bad
Rena kläder! Jag gav honom min syn
Något att dricka! Jag gjorde mitt blod till en dryck
Att äta! Han nöjde sig inte med mindre
än mitt hjärta
Han lämnade mig brådstörtat, utan tack
mer ensam än någonsin
Han sade mig inte sitt namn
men jag visste det
därför att han visste mitt!
Det är, på ett främmande språk:
Jag är den som kommer tillbaka
På hans språk heter jag:
Jag är hon som väntar.

AN ANGEL VISITS ME EVERY NIGHT

An angel visits me every night
He tears me out of my bed of agony
to an agony of joy
becoming a joyful agony
larger than the one I had—
—How did you get inside this cell?
—I bribed the watchman
my friends are standing guard out there...
—So that night I received a friend
who was lonely
His clothes were a traveler's
who had traveled far
and I, a prince's daughter
knows what's appropriate:
A bath! I turned my eyes into a bath
Clean clothes! I gave him my eyesight
Something to drink! I turned my blood into a drink
To eat! He wasn't satisfied with anything less
than my heart
He left me hastily, without thanks,
more lonely than ever
He didn't tell me his name
but I knew it
because he knew mine!
It is, in a foreign tongue:
I am the one who returns
In his language my name is:
I am she who waits.

Werner Aspenström

(1918–1997)

Aspenström was born in the province of Dalarna and grew up in the countryside before moving to Stockholm as a young adult. He became an exceptional Swedish poet and essayist as well as a successful dramatist. He was a master of clarity and brevity and profound depth with tendencies that are at once classical and modern. He published fourteen collections of poetry and became well known for his third book *Snow-Legend*, which was published in 1949. Many later poems have found their way into anthologies and even onto T-shirts. The selection here stretches from 1952 until the 1980s.

DU MÅSTE ÖVA DIG I DET VERKLIGA

När din syster kommer på besök
talar ni ofta om syrener
som om syrenen vore en död växtart
och inte varje juni blommade på nytt
i salar av mild honung och trastars sång.
Kanske är den död för dig?
Bakom slutna ögon återser du världen.
Rösterna når dig, viskande, otydbara
och som ett sorl från avlägsna rum.
Livet glider förbi i spegling efter spegling
likt årstiderna i en stad av sten,
där grönskan är en hörsägen (sann eller osann)
berättad av lantmän på torgen
och där även havet är en hörsägen,
en gammal försupen skeppares dröm.
Du är utstött ur sinnenas krets.
Dina sinnen har inga vänner här.
Fåfängt sänder du dem ut på spaning.
Men hur kan den som själv ej älskar
vänta att någonstans bli mottagen?
Du måste öva dig i det verkliga,
inpränta tingens namn, ett efter ett,
de ursprungliga tingen, de ursprungliga orden.

YOU HAVE TO PRACTICE REALITY

When your sister comes to visit
you often talk of lilacs
as if lilacs were an extinct species
and did not bloom new each June
in halls of mild honey and the song of thrushes.
Perhaps for you it is dead?
Behind closed eyes you see the world again.
The voices reach you, whispering, undecipherable,
like a murmur from distant rooms.
Life floats by, reflection by reflection
like the seasons in a city of stone
where the leafage is hearsay (true or untrue)
told by country men in the squares
and where even the sea is hearsay,
an old drunken captain's dream.
You are expelled from the sphere of the senses.
Your senses have no kin here.
In vain you send them out to scout.
But how can he who doesn't himself love
expect to be received?
You have to practice reality,
imprint the names of things, one by one,
the original things, the original words.

VÄRLDSTRÄDET

I natt såg jag världsträdet,
mörkt, överskuggande.
En slocknad jättekandelaber
som täckte helt det ljusa himmelsfönstret.
Ett höstligt träd, ett bittert träd,
orörligt och med drypande bark.

Kanske fanns ännu stormar
och skärande rop från människor,
men allt detta skedde djupt därnere,
där ingen ändring är möjlig.
Ett träd såg jag och de tunga dödsfåglarna,
som makligt flyttade sig från gren till gren.

THE TREE OF THE WORLD

Last night I saw the tree of the world,
dark and overshadowing.
An enormous expired candelabra
that covered the lit window of the heavens.
An autumnal tree, a bitter tree,
immovable, with dripping bark.
Maybe storms remained
and piercing human cries,
but all this occurred deep down below,
where no change is possible.
I saw a tree and the leaden birds of death,
that slowly moved from branch to branch.

HUNDARNA

Natten är stor.
Himlarna vrider sig tysta.
Månen seglar med isig stäv.
Dessa ylande hundar,
vad är det de söker?
Han som reser ragg,
han som kvider likt ett barn,
han som snappar åt sig gnistret
från en stjärna – maktlösa är de,
deras törst kan inte stillas här.
Varför strövar de då längs dalgångarna
och över de kraterströdda fälten?
Vad är det de söker i bergshålorna
och i de övergivna städerna?
Här finns bara ödlor med läderhud
och stjärnor och natten är stor
och himlarna vrider sig tysta.

THE DOGS

The night is vast.
The heavens are turning in silence.
The moon is sailing with icy bow.
These howling dogs,
what do they seek?
He whose fur bristles,
he who whimpers like a child,
he who snatches the sparkles
from a star—they are powerless,
their thirst cannot be quenched here.
Why then do they roam through the valleys
and over the crater-ridden fields?
What is it that they seek in the mountain caverns
and in the abandoned cities?
Here is nothing but leather-skinned lizards
and stars and the night is vast
and the heavens are turning in silence.

EUROPA

Gamla pinnsoffor och katedraler,
säckpipor och zeppelinare,
väderkvarnar utan vingar.
Män med björnskinnsmössor.
Kvinnor i påfågelshattar.
Barn tunnare än ståltråd.

Hur skulle skepparen kunna minnas
alla legender om sjunkna öar?
Europa?
Vilket år hände det?
Var det sommar eller vinter?

EUROPE

Old slatted benches and cathedrals,
bagpipes and Zeppelins,
windmills without wings.
Men in bearskin caps.
Women in peacock-feathered hats.
Children thinner than wire.

How could the ship's captain recall
all the legends of vanished islands?
Europe?
Which year was that?
Was it summer or winter?

SÖNDAGEN

Av det skälet att den aldrig skall återkomma
var det en minnesvärd dag.
Solen gick upp i öster och ned i väster,
överlåtande himlen åt stjärnorna
och ett ensligt simmande rymdskepp.
Radion talade och sjöng genom det öppna fönstret
bakom de oföränderligt röda pelargonierna.
En kvinna skördade med saxen några vinbärsklasar
och bar in dem i köket.
Ute på gårdsplanen stod ännu vid kvällsnyheterna
en ung pojke på knä vid sin moped
och gladde sig åt tändstiftets gnistor.

THE SUNDAY

Because it will never return,
I will not forget this day.
The sun rose in the east and set in the west,
turning the sky over to the stars
and a spaceship swimming alone.
The radio talked and sang through the open window
from behind the perpetually red geraniums.
With a pair of scissors, a woman harvested
some bunches of black currants
and brought them into the kitchen.
Out in the courtyard, at the time of the evening news,
a boy was still kneeling by his scooter
taking delight in the spark plug's sparks.

DU OCH JAG OCH VÄRLDEN

Fråga inte vem *du* är och vem *jag* är
och *varför* allting är.
Låt professorerna utreda,
de har betalt.
Ställ hushållsvågen på bordet
och låt verkligheten väga sig själv.
Sätt på dig kappan.
Släck ljuset i tamburen.
Stäng dörren.
Låt de döda balsamera de döda.

Här går vi nu.
Den som har de vita gummistövlarna
är du.
Den som har de svarta gummistövlarna
är jag.
Och regnet som faller över oss båda
är regnet.

YOU AND I AND THE WORLD

Don't ask who *you* are or who *I* am
and *why* what is, is.
Let the professors sort it out,
it's their job.
Place the scale on the kitchen table
and let reality weigh itself.
Put your coat on.
Turn the light off in the hallway.
Close the door.
Let the dead embalm the dead.

Here we walk now.
The one wearing white rubber boots
is you.
The one wearing black rubber boots
is me.
And the rain falling on us both
is the rain.

EFTER ATT HA SPELAT MOZART HELA DAGEN

Lövträden klär av sig, klär på sig,
regelbundet,
som i ett äktenskap.
Vildgässen styr mot söder, styr mot norr.
Du känner naturen, du kan konsterna.
Vad hjälper dig Mozart?
Skolbarnens gråa flock vandrade bort
under lindarna
och skolbarnens gråa flock återvände.
Musik är bearbetad tid.
Tid läker inte tidens sår.

AFTER HAVING PLAYED MOZART ALL DAY

The trees undress and dress
repeatedly,
as in a marriage.
The wild geese head south, head north.
You know nature, you know the arts.
How does Mozart help you?
The gray flock of school children wandered off
below the linden trees
and the gray flock of school children returned.
Music is cultivated time.
Time does not heal time's wounds.

SKOR LÄNGTAR UT

Nyss åskade det.
Nu har det upphört.
Hund håller jag inte.
Men träskor.
De står vid dörren
och skäller.

SHOES LONG TO GO OUT

Just now it is thundering.
Now it ceased.
I don't have a dog.
But a pair of wooden clogs.
They stand by the door
barking.

DRÖMMEN

Om man inte drömmer blir man galen.
Men mitt i drömmen väcks man av förståndet,
som beställer en traditionell engelsk frukost.
Man får gå halvgalen en dag till.

THE DREAM

If you don't dream you'll go insane.
But mid-dream you're awakened by your common sense,
who orders a full English breakfast.
You'll remain half insane for one more day.

EN STUND PÅ PIZZERIAN

Lampkuporna har samma form som störthjälmar.
De hårdbelyser de små borden
och bildar en ring av halvmörker
kring varje lunchgäst.
Quartzuren avsöndrar sekund efter sekund.
Det dröjer minst en månad
innan lövsångaren återvänder från ekvatorn.
Då och då får jag brev från en ingenjör
som har beräknat universums ålder till 14 miljarder år.
Jag är inte matematiker,
jag får väl lita till hans ekvationer.
För mig existerar tiden ibland,
ibland inte.
Fallfrukten hejdar sig på halva vägen
mellan gren och gräs och undrar:
Var är jag?
Samtliga gäster i lokalen, inklusive ägaren
som står och klappar den vita pizzadegen,
är dels nyanlända, dels odödliga.
Lövsångaren befinner sig dels här,
dels vid ekvatorn.
Finns det en sådan tid?
Det finns en sådan tid, en sådan punkt i tiden.

A MOMENT AT THE PIZZERIA

The lamps are shaped like crash helmets.
Their harsh light presses against the small tabletops
casting a ring of semidarkness
around each lunch guest.
The quartz watches sever second after second.
It will take at least a month
before the willow warbler returns from the equator.
Every so often I receive letters from an engineer
who has calculated the age of the universe at 14 billion years.
I am not a mathematician,
I'll have to just trust his equations.
For me time exists sometimes,
sometimes not.
The wind-torn fruit hesitates halfway
between branch and grass and wonders:
Where am I?
Everyone in this room, including the owner
who is kneading the white pizza dough,
has partly just arrived and is partly immortal.
The willow warbler is partly here
and partly at the equator.
Is there such a time?
There is such a time, such a point in time.

Tomas Tranströmer

(1931–)

Tranströmer was born in Stockholm and grew up there and on the island of Runmarö in the Stockholm archipelago. His remarkable debut, *17 Poems*, was published in 1954. He studied psychology at the university, began a career as a psychologist in the 1960s, and worked for several decades with juvenile offenders. His poems hold a remarkable clarity and tranquility and their effortless diction is unmistakably and mysteriously joined by a depth that floats up to meet the words. His poetry has been translated into over sixty languages and he won the Nobel Prize for Literature in 2011, the first Swedish poet to receive it in thirty-seven years. This selection comprises five poems from 1958–1962 and the five concluding ones are from the collection *The Grief Gondola* (1996).

HEMLIGHETER PÅ VÄGEN

Dagsljuset träffade ansiktet på en som sov.
Han fick en livligare dröm
men vaknade ej.

Mörkret träffade ansiktet på en som gick
bland de andra i solens starka
otåliga strålar.

Det mörknade plötsligt som av ett störtregn.
Jag stod i ett rum som rymde alla ögonblick –
ett fjärilsmuseum.

Och ändå solen lika starkt som förut.
Dess otåliga penslar målade världen.

SECRETS ON THE WAY

Daylight struck the face of one who slept.
He received a livelier dream
but did not wake.

Darkness struck the face of one who walked
among the others in the sun's strong
impatient rays.

Suddenly it turned dark as in a downpour.
I stood in a room that held every moment—
a butterfly museum.

And still the sun is as strong as before.
Its impatient brushes painted the world.

SPÅR

På natten klockan två: månsken. Tåget har stannat
mitt ute på slätten. Långt borta ljuspunkter i en stad,
flimrande kallt vid synranden.

Som när en människa gått in i en dröm så djupt
att hon aldrig ska minnas att hon var där
när hon återvänder till sitt rum.

Och som när någon gått in i en sjukdom så djupt
att allt som var hans dagar blir några flimrande punkter, en svärm,
kall och ringa vid synranden.

Tåget står fullkomligt stilla.
Klockan två: starkt månsken, få stjärnor.

TRACKS

Two o'clock in the morning: moonlight.
The train has stopped
in the middle of a field. In the distance, lights from a town,
glimmering cold along the horizon.

As when a person has gone so deeply into a dream
she'll never remember she was there
when she returns to her room.

And as when someone has entered an illness so deeply
that all that were his days becomes a few flickering points, a swarm,
cold and scarce along the horizon.

The train remains perfectly still.
Two o'clock: intense moonlight, few stars.

ALLEGRO

Jag spelar Haydn efter en svart dag
och känner en enkel värme i händerna.

Tangenterna vill. Milda hammare slår.
Klangen är grön, livlig och stilla.

Klangen säger att friheten finns
och att någon inte ger kejsaren skatt.

Jag kör ner händerna i mina haydnfickor
och härmar en som ser lugnt på världen.

Jag hissar haydnflaggan – det betyder:
"Vi ger oss inte. Men vill fred."

Musiken är ett glashus på sluttningen
där stenarna flyger, stenarna rullar.

Och stenarna rullar tvärs igenom
men varje ruta förblir hel.

ALLEGRO

After a black day, I play Haydn
and feel a simple warmth in my hands.

The keys are willing. Mild hammers striking.
The sound is green, lively and still.

The sound tells us that freedom exists
that someone isn't paying taxes to the emperor.

I drive my hands down into my Haydn pockets
and imitate one who looks with calm at the world.

I hoist the Haydn flag—meaning:
"We won't give up. But want peace."

The music is a house of glass on the slope
where the rocks are flying, the rocks are rolling.

And the rocks are rolling straight through
but each pane remains whole.

DEN HALVFÄRDIGA HIMLEN

Modlösheten avbryter sitt lopp.
Ångesten avbryter sitt lopp.
Gamen avbryter sin flykt.

Det ivriga ljuset rinner fram,
även spökena tar sig en klunk.

Och våra målningar kommer idagen,
våra istidsateljéers röda djur.

Allting börjar se sig omkring.
Vi går i solen hundratals.

Var människa en halvöppen dörr
som leder till ett rum för alla.

Den oändliga marken under oss.

Vattnet lyser mellan träden.

Insjön är ett fönster mot jorden.

THE HALF-FINISHED HEAVEN

Dejection breaks off its course.
Dread breaks off its course.
The vulture breaks off its flight.

The eager light pours forth,
even the ghosts take a gulp.

And the paintings arrive in the light of day
red creatures of our ice-age studios.

Everything begins to look around.
We walk in the sun in the hundreds.

Every person a half-open door
leading to a room for all.

The endless ground below us.

The water shining through the trees.

The lake is a window to the earth.

NOCTURNE

Jag kör genom en by om natten, husen stiger fram
i strålkastarskenet – de är vakna, de vill dricka.
Hus, lador, skyltar, herrelösa fordon – det är nu
de ikläder sig Livet. – Människorna sover:

en del kan sova fridfullt, andra har spända anletsdrag
som om de låg i hård träning för evigheten.
De vågar inte släppa allt fast deras sömn är tung.
De vilar som fällda bommar när mysteriet drar förbi.

Utanför byn går vägen länge mellan skogens träd.
Och träden träden tigande i endräkt med varann.
De har en teatralisk färg som finns i eldsken.
Vad deras löv är tydliga! De följer mig ända hem.

Jag ligger och ska somna, jag ser okända bilder
och tecken klottrande sig själva bakom ögonlocken
på mörkrets vägg. I springan mellan vakenhet och dröm
försöker ett stort brev tränga sig in förgäves.

NOCTURNE

I drive through a village at night, the houses step out
into the headlights—they are awake, they want to drink.
Houses, barns, signs, stray vehicles—it is now
that they assume Life—The people are sleeping:

some sleep peacefully, others have strained features
as if they were in hard training for eternity.
They don't dare to let go of it all even though their sleep is heavy.
They rest like lowered beams when the mystery passes by.

Outside the village the road runs a while through the trees
    of the forest.
And the trees, the trees resonate silence between them.
They have a theatrical color that occurs in the light of fires.
Their leaves are so clear! They follow me all the way home.

I lie about to fall asleep, I glimpse unknown images
and signs drawn on the inside of my eyelids
on the wall of darkness. In the crack between
    wakefulness and dream
a large letter tries in vain to push itself through.

APRIL OCH TYSTNAD

Våren ligger öde.
Det sammetsmörka diket
krälar vid min sida
utan spegelbilder.

Det enda som lyser
är gula blommor.

Jag bärs i min skugga
som en fiol
i sin svarta låda.

Det enda jag vill säga
glimmar utom räckhåll
som silvret
hos pantlånaren.

APRIL AND SILENCE

Spring lies deserted.
The dark velvet ditch
creeps by my side
not reflecting anything.

All that shines
are yellow flowers.

I am carried in my shadow
like a violin
in its black case.

All I want to say
gleams out of reach
like the silver
in a pawnshop.

SORGEGONDOL NR 2

I

Två gubbar, svärfar och svärson, Liszt och Wagner, bor vid
    Canal Grande
tillsammans med den rastlösa kvinnan som är gift med
    kung Midas
han som förvandlar allting han rör vid till Wagner.
Havets gröna köld tränger upp genom golven i palatset.
Wagner är märkt, den kända kasperprofilen är tröttare än förr
ansiktet en vit flagg.
Gondolen är tungt lastad med deras liv, två tur och retur och
    en enkel.

II

Ett fönster i palatset flyger upp och man grimaserar i det
    plötsliga draget.
Utanför på vattnet visar sig sopgondolen paddlad av två
    enårade banditer.
Liszt har skrivit ner några ackord som är så tunga att de borde
    skickas
till mineralogiska institutionen i Padova för analys.
Meteoriter!
För tunga för att vila, de kan bara sjunka och sjunka genom
    framtiden ända ner
till brunskjortornas år.
Gondolen är tungt lastad med framtidens hopkurade stenar.

GRIEF GONDOLA #2*

I

Two old men, father-in-law and son-in-law,
Liszt and Wagner, are staying on the Grand Canal
together with the restless woman who is married to King Midas
he who turns everything he touches into Wagner.
The green chill of the sea pushes up through the palace floors.
Wagner is a marked man, the well known Caspar profile
    is more tired than before
his face a white flag.
The gondola is heavily laden with their lives, two round trips
    and one one-way.

II

A window in the palace blows open, they grimace
    in the sudden draught.
Outside on the water, the garbage gondola appears,
paddled by two one-oared bandits.
Liszt has composed a few chords so heavy they ought to be sent
to the mineralogical institute in Padua for analysis.
Meteorites!
Too heavy to rest, they are able only to sink and sink
    through the future all the way down
to the year of the brownshirts.
The gondola is heavily laden with the huddled stones of the future.

---

*Around the New Year 1882/1883 [Franz] Liszt visited his daughter Cosima and her husband
  Richard Wagner in Venice. Wagner died a couple of months later. During this time Liszt
  composed two pieces for piano that were published under the title *Grief Gondola*.

III

Gluggar mot 1990.

25 mars. Oro för Litauen.
Drömde att jag besökte ett stort sjukhus.
Ingen personal. Alla var patienter.

I samma dröm en nyfödd flicka
som talade i fullständiga meningar.

IV

Bredvid svärsonen som är tidens man är Liszt en maläten
    grandseigneur.
Det är en förklädnad.
Djupet som prövar och förkastar olika masker har valt just
    den här åt honom –
djupet som vill stiga in till människorna utan att visa sitt ansikte.

V

Abbé Liszt är van att bära sin resväska själv genom snöglopp
    och solsken
och när han en gång skall dö är det ingen som möter vid
    stationen.
En ljum bris av mycket begåvad konjak för honom bort
    mitt i ett uppdrag.
Han har alltid uppdrag.
Tvåtusen brev om året!
Skolpojken som skriver det felstavade ordet hundra gånger
    innan han får gå hem.
Gondolen är tungt lastad med liv, den är enkel och svart.

III

Openings toward 1990.

March 25: Worry about Lithuania.
Dreamt I visited a large hospital.
No staff. Everyone was a patient.

In the same dream a newborn girl
who spoke in complete sentences.

IV

Compared to his son-in-law, who is a man of his time,
    Liszt is a moth-eaten grand seigneur.
It's a disguise.
The deep that tries out and discards various masks
    has chosen just this one for him—
the deep that wants to join the humans without showing its face.

V

Abbé Liszt is used to carrying his own suitcase through sleet
    and sunshine
and when the time comes to die there will be no one there
    to meet him at the station.
A tepid breeze of highly gifted cognac carries him off
    in the midst of an assignment.
He is never free of assignments.
Two thousand letters a year!
The schoolboy who writes the misspelled word
one hundred times before he is allowed to go home.
The gondola is heavily laden with life, it is simple and black.

VI

Åter till 1990.

Drömde att jag körde tjugo mil förgäves.
Då förstorades allt. Sparvar stora som höns
sjöng så att det slog lock för öronen.

Drömde att jag ritat upp pianotangenter
på köksbordet. Jag spelade på dem, stumt.
Grannarna kom in för att lyssna.

VII

Klaveret som har tigit genom hela Parsifal (men lyssnat)
    får äntligen säga något.
Suckar... sospiri...
När Liszt spelar ikväll håller han havspedalen nertryckt
så att havets gröna kraft stiger upp genom golvet och flyter
    samman med all sten i byggnaden.
Godafton vackra djup! Gondolen är tungt lastad med liv, den är
    enkel och svart.

VIII

Drömde att jag skulle börja skolan men kom försent.
Alla i rummet bar vita masker för ansiktet.
Vem som var läraren gick inte att säga.

VI

Back to 1990.

Dreamt I drove a hundred miles in vain.
Then everything was magnified. Sparrows as large as hens
sang so that my ears popped.

Dreamt that I had drawn piano keys
on the kitchen table. I played on them, mutely.
The neighbors came in to listen.

VII

The clavier which has been silent through all of Parsifal
(but it has listened) is at last allowed to say something.
Sighs ... *sospiri* ...
When Liszt plays tonight he holds down the sea-pedal
so that the green force of the sea rises through the floor
and flows together with all the stone of the building.
Good evening beautiful deep!
The gondola is heavily laden with life, it is simple and black.

VIII

Dreamt I was starting school but came late.
Everyone in the room wore white masks.
It was impossible to tell who was the teacher.

LANDSKAP MED SOLAR

Solen glider fram bakom husväggen
ställer sig mitt i gatan
och andas på oss
med sin röda blåst.
Innsbruck jag måste lämna dig.
Men i morgon står en glödande sol
i den halvdöda grå skogen
där vi skall arbeta och leva.

LANDSCAPE WITH SUNS

The sun slides out from behind the house
stands in the middle of the street
and breathes on us
with its red wind.
Innsbruck I must leave you.
But tomorrow
there will be a glowing sun
in the half-dead gray forest
where we shall work and live.

FRÅN JULI 90

Det var en begravning
och jag kände att den döde
läste mina tankar
bättre än jag själv.

Orgeln teg, fåglarna sjöng.
Gropen ute i solgasset.
Min väns röst höll till
på minuternas baksida.

Jag körde hem genomskådad
av sommardagens glans
av regn och stillhet
genomskådad av månen.

FROM JULY '90

It was a funeral
and I felt that the dead man
read my thoughts
better than I could.

The organ was silent, the birds sang.
The pit out in the sunshine.
My friend's voice resided
on the far side of the minutes.

I drove home seen through
by the glitter of the summer day,
by the rain and stillness,
seen through by the moon.

GÖKEN

En gök satt och hoade i björken strax norr om huset. Den var så högröstad att jag först trodde att det var en operasångare som utförde en gökimitation. Förvånad såg jag fågeln. Stjärtfjädrarna rörde sig upp och ner för varje ton, som handtaget på en pump. Fågeln hoppade jämfota, vände sig om och skrek åt alla väderstreck. Sedan lyfte den och flög småsvärande över huset och långt bort i väster... Sommaren åldras och allt flyter ihop till ett enda vemodigt sus. Cuculus canorus återvänder till tropikerna. Dess tid i Sverige är över. Den blev inte lång! I själva verket är göken medborgare i Zaire... Jag är inte längre så förtjust i att resa. Men resan besöker mig. Nu när jag trängs in alltmer i ett hörn, när årsringarna växer, när jag behöver läsglasögon. Det händer alltid mycket mer än vi kan bära! Det finns inget att förvånas över. Dessa tankar bär mig lika trofast som Susi och Chuma bar Livingstones mumie tvärs genom Afrika.

THE CUCKOO

A cuckoo sat and called in the birch just north of the house. Its voice was so powerful that at first I thought it was an opera singer performing a cuckoo imitation. Surprised I saw the bird. Its tail feathers moved up and down with each note like a pump handle at a well. The bird hopped, turned around and shouted to all four directions. Then it lifted into the air and flew cursing under its breath over the house and far off into the West...The summer grows old and everything flows together into a single melancholy whisper. *Cuculus canorus* returns to the tropics. Its time in Sweden is over. It wasn't long! As a matter of fact the cuckoo is a citizen of Zaire...I am no longer so fond of traveling. But the journey visits me. Now that I am being pushed further into a corner, now that the annual rings widen and I need reading glasses. Always what happens is more than we can carry! There is nothing to be astonished about. These thoughts carry me just as loyally as Susi and Chuma carried Livingstone's mummified body straight through Africa.

Tua Forsström

(1947–)

Forsström is a Finland-Swedish poet who was born in Östra Nyland, a Swedish-speaking part of Finland. She published her first collection of poems (from which our first translation is taken) *A Poem about Love and Other Things* in 1972, and has since become one of the most striking and remarkable Scandinavian poets. She received the prestigious Nordic Council Literature Prize in 1998 after publishing *After Spending a Night among Horses*. Her poems are straightforward in their diction but cosmic in scope and depth. They are often set in the landscape she grew up in and in which she still lives. The remaining translated poems are taken from collections published between 1979 and 1998.

Ljug mej en saga så jag vågar somna
Ljug mej en sång så jag orkar vakna
Ljug för mej att jag har varmt, att
jag är älskad, att jag inte är rädd
Tala milt om alla somrarna som återstår,
le mot mej och säj att allt blir bättre.
Annars tror jag dej inte.

Tell me a tale of lies so I dare sleep
Sing me a song of lies so I have the strength to wake
Lie to me and say that I have warmth, that
I am loved, that I am not afraid
Speak softly of all the summers that remain,
smile at me and say that everything will get better.
Otherwise I won't believe you.

Fem månader gammal, sommaren
fläktar långsamt grönt kring den vita korgen
En humla surrar förbi och hon gör en
liten förståndig grimas i sömnen
Det är det uråldriga uttrycket
hos nyfödda, någonting tåligt och erfaret
Sommaren vajar för vinden i ljumma
skuggor och dagrar: hon har redan rest
så långt, hon drömmer drömmar, hon har redan minnen
Jag sitter i gräset och stickar en
misslyckad tröja, kallar det koncipiera
Det tänker kanske i henne: jag sover jag växer jag sover
och molnen far blåsande över hennes ansikte

Five months old, the summer
wafts slowly, green, around the white basket
A bee whirrs past and she makes a
small sensible face in her sleep
It is an ancient expression
among newborns, something patient and experienced
The summer sways in the breeze in tepid
shadows and light: she has already travelled
so far, she dreams dreams, she already has memories
I sit in the grass, knitting a
failed sweater, I call it to conceive
Maybe something thinks in her: I sleep I grow I sleep
and the clouds move with the wind across her face

Det är så egendomligt
att få ett barn
Det liknar ingenting annat: allt
blir sig mera likt och ovant
Med hängande blöjbak klättrar hon
här i den tröstlösa morgonen, sjunger
sin bok om Guldgåsen, sätter sig ner
att kissa på golvet
Obegripliga strömmande vår i november, och
livet blir långsamt och starkt
som Mahlers femma   Innan hon somnar
räknar hon mumlande upp sina
vänner, precis som jag

It is so strange
to have a child
It does not look like anything else: everything
becomes more familiar and more unusual
With her diaper hanging she climbs around
this cheerless morning, sings
her book about the Golden Goose, sits down
to pee on the floor
Incomprehensible flowing spring in November, and
life becomes slow and strong
like Mahler's Fifth   Before she falls asleep
she mumbles a list of her
friends, just like I do

Man simmar aldrig ut i samma vatten
I ljuset väntar natten strax därunder
Man faller som ett löv genom rymden
av sekunder, en vind blåser
mörker mot din kind.

You never swim out into the same water
In the light the night is waiting just below
You fall like a leaf through space
of seconds, a wind is blowing
darkness against your cheek.

På fotografierna är dina
ögon en aning
asymmetriska, det finns
ingen formel för
människor. Vatten
och ljus egendomligt fördelade
Bristningar, inbillning.
Nakenhet. Oskuld och brott.
Rondot strömmar från ett av de
inre rummen: någonting fullbordat
och oundvikligt
"För att kunna leva i världen
måste man grunda den"
Jag sprättar upp ett kuvert
med en kniv, nyslaget gräs
ångar in genom fönstren
Det är plötsligheten!
I de långsamma processerna!
Jag säger att jag ångrar allt
Jag ångrar nästan allt, det
spelar ingen roll
Jag kände dig sedan jag var ett
barn och tänkte som ett barn
Ja, vatten och ljus.
Sprickor i sockeln.
Inflammationer.

In the photographs your eyes
are a little
asymmetrical, there is
no formula for
human beings. Water
and light strangely divided
Ruptures, delusions.
Nakedness. Innocence and crime.
The rondo is streaming from one of the
inner rooms: something completed
and inescapable
"In order to live in the world
one has to ground it"
I cut open an envelope
with a knife, newly cut grass
is steaming in through the window
It is the suddenness!
In the slow processes!
I say that I regret everything
I regret almost everything, it
does not matter
I have known you since I was a
child and thought like a child
Yes, water and light.
Cracks in the base.
Inflammations.

Det var som att hälla vatten över en påfågel.
Irra i källaren till en nattklubb sökande efter
någon förlängesen glömd.
Ett fotspår i torkad lera.
En vanmäktig matematisk formel.
Det var som att bjuda upp till vals snubblande
fram på kryckorna.
"Narraktigt, Sir! Ni envisas med att årligen
uppsöka denna Inbillade Festival, Den Bedrövel-
sens Dal, De Vämjeliga Källor. I sista minuten
anhåller Ni om att uppskjuta Er avresa. Detta
inträffar undantagslöst. Undantagslöst faller
Ni åter i grubbel kring livets lysande dagar av
fallfrukt. Ni kommer sannolikt alltid att åter-
vända tomhänt. Inte sant?"

It was like pouring water over a peacock.
Wandering in the basement of a nightclub searching for
something forgotten long ago.
A footprint in dried mud.
A futile mathematical formula.
It was like asking someone to waltz tripping
forth on crutches.
"Ridiculous, Sir! You persist with yearly
finding this Imaginative Festival, this Valley
of Grief, these Poisonous Wells. In the last minute
you request if you may delay your departure. This
occurs invariably. Invariably you fall
once again into thinking about life's illuminated days of
fallen fruit. You are most likely going to always return
empty handed. Right?"

Det är något med
taxichaufförens barnsliga
kind som betyder:
att det finns.
Att det verkligen finns.
Att det strömmar en nattlig
musik längs den iskalla vägen.
Ja, det finns en lysande punkt
någonstans för oss alla där
trasor och masker faller.
Så att det aldrig mer funnits
trasor och masker.
Där är vi öga i öga,
aska i regn.

There is something about
the cabdriver's childlike
cheek which means:
that it exists.
That it really exists.
That it streams a nightly
music along the ice cold road.
Yes, there is a glowing point
somewhere for all of us where
rags and masks fall.
So that rags and masks
no longer existed.
There we are eye to eye,
ashes in rain.

Det finns en dörr mot
mörkret, man vänjer sig vid det.
Man vänjer sig vid allt: hus
och dyrbara urverk. Man kan
sitta på trappan och tänka på
tåg som avgår från de stora
stationerna i Europa. Kvarglömda
handskar. Doften av flox. Det
prasslar utanför ljuskretsen: djur
råkar passera. Med kärlek minns
jag de skräpiga små samhällena med
optimistiska namn längs vägen i den
violetta kvällen över prärien. Hård sol
i motellrum. Säkerhetsföreskrifterna
på väggen: "Om Ni är döv, och Er
medresenär är blind..." Jag stannade
för länge i skogen. Jag ringer ofta
polisen, det lönar sig inte att ringa
polisen, det är som det är.

There is a door to
the darkness, you get used to it.
You get used to everything: houses
and expensive watches. You can
sit on the steps and think about
trains departing from the large
train stations in Europe. Gloves
left behind. The scent of phlox. There
is a rustling sound outside
the sphere of light: animals
happen to walk past. With love
I recall the small littered towns with
hopeful names along the road
in the violet evening above the prairie. Hard sunlight
inside motel rooms. The safety precautions
on the wall: "If You are deaf and Your
fellow traveler is blind..." I stayed too long
in the woods. I often call
the police, it never pays to call
the police, it is what it is.

ÄNGLARNA I KARIS

Går med alltför
tunna skor i februari

på järnvägsstationen i Karis
av och an och röker

Tåg anländer och avgår
I morgon är alldeles det samma

Det snöar lätt och glittrande
Det snöar lätt på deras ögonfransar

De andas lätt som aluminum
De känner till de gudsförgätna platserna

De skrattar! Inget förfärar oss så
som när de skrattar

Inget förfärar oss så
som de gudsförgätna platserna

Och det som är rödkantat

THE ANGELS OF KARIS

Walk in much too
light shoes in February

at the train station in Karis
back and forth, smoking

Trains arrive and depart
Tomorrow will be the same

Snow falls lightly, glittering
It falls lightly on their eyelashes

They breathe lightly like aluminum
They know the godforsaken places

They laugh! Nothing terrifies us more
than when they laugh

Nothing terrifies us more
than the godforsaken places

And that which is red-rimmed

Kristina Lugn

(1948–)

Lugn, a poet and dramatist, published her first collection *If I Don't* in 1972. After publishing *Looking for Acquaintance with Older Educated Gentleman* in 1983, she became one of Sweden's most widely read poets. Her poems are whimsical and intricately playful. They depict the troubles of everyday existence in a way that makes contemporary life seem absurd, darkly humorous, and very precious, all at the same time. Our selection ranges from Lugn's debut to her latest collection *Bye bye, have a good time!*, published in 2003. Like Ekelöf and Aspenström before her, Lugn is a member of the Swedish Academy.

jag är en mycket flitig skrivare av brev
och besitter stor färdighet i svenska språket
liksom det engelska tyska och franska
jag är en mycket tränad staplare av ord
jag vet inte hur många bokstäver
jag slickat i mig
klistrat på klistrat igen lagt i dessa trånga springor
ut mot världen
försöker jag nå världen
vill jag se världen
(vill jag att världen ska se mig)

jag vet inte hur många gånger nu
stiger upp och lappar ihop mitt ansikte
syr med små korta stygn (alldeles för grov tråd)
"nu börjar ny dag att dela med
försöka göra sig hemmastadd i"
lappar jag ihop samtliga mina ansikten
målar dit ögon som ser och inte ser
allt efter behov
sedan når mig golvet

I am a very diligent writer of letters
and possess great control of the Swedish language
just like English German and French
I am a well-trained stacker of words
I don't know how many syllables
I have licked
licked and licked shut placed in these narrow cracks
toward the world
if I try to reach the world
I want to see the world
(I want the world to see me)

I don't know how many times now
getting up and stitching my face together
sewing with small tiny stitches (thread much too thick)
"now a new day begins, to share
try to make oneself at home in"
stitching together all my faces
applying eyes that see and do not see
according to need
then the floor reaches me

Jämra dej inte!
Bit ihop tänderna!
Plocka ögonbrynen!
Förläng ögonfransarna!
Förkorta känselspröten!
Lägg upp håret!
Rengör näsborrarna!
Raka bort mustascherna!
Svälj något lugnande!
Sitt inte där så svagsint
ensam och inkrökt, gråt
inte mer!

Don't moan!
Bite together your teeth!
Pick your eyebrows!
Extend your eyelashes!
Shorten your antennas!
Put your hair up!
Clean your nostrils!
Shave off the mustaches!
Swallow something calming!
Don't sit there so feeble-minded
alone and egotistical, don't
cry anymore!

Nätterna har blivit större
och dom fortsätter att växa
snart ryms dom inte
i mitt huvud längre
och det var längesen
barnen hörde av sej
det var längesen
jag var ett elakt
och mycket privilegierat barn
i mina föräldrars röda tegelvilla
allt jag rörde vid
tillhörde någon annan
och mina föräldrar var övertygade om
att dom älskade mej

The nights have become bigger
and they continue to grow
soon there is no room for them
in my head anymore
and it was a while ago
that the kids were in touch
it was a while ago
I was a mean
and very privileged child
in my parents' red brick house
everything I touched
belonged to someone else
and my parents were convinced that
they loved me

Nu har Älskarna
lämnat huset
en och en
nu har barnen
klättrat upp i träden
och blivit snälla
nu är allting trivsamt
under himlen
i pappas igloo
kära kollega
nu har vi tvättat våra kläder
en och en
har vi adresserat våra kärleksbrev
och lagt oss ner
en och en
med händerna på täcket

Now the Lovers have
left the house
one by one
now the children have
climbed up into the trees
and become kind
now everything is pleasant
below the heavens
in Daddy's igloo
dear colleague
now we have washed our clothes
one by one
have addressed our love letters
and laid ourselves down
one by one
with our hands on the comforter

Det finns en massa kvinnor i min ålder
som har ännu sämre anledningar att tycka om sig själva
och tvingar andra att göra det i alla fall
fastän de varken är vackra
eller flitiga på något annat sätt.
Galopp galopp.
Det kanske inte är löjligt i alla fall
att växtfärga.
Motion är också bra, inte minst för hjärnan.
Och att uttrycka sina känslor i keramik.
För då får man ju samtidigt en massa föremål
som ger hemmet en särprägel.
Något att vara stolt över.
Galopp galopp.

There are lots of women my age
who've even less reason to like themselves
but force others to do it anyway
even though they're neither beautiful
nor in anyway productive.
Gallop gallop.
Perhaps it's not that ridiculous after all
to use vegetable dyes.
Exercise is also good, especially for the brain.
And to express your feelings in ceramics.
Because then you get at the same time a bunch of stuff
that gives the home character.
Something to be proud of.
Gallop gallop.

Jag tvättade lakanen
tills de doftade äpplen.
I källaren stod våra cyklar kvar.

Jag hängde en klänning
och jag rörde mig inuti den.
Nästan som en musiker.

Och vreden vilade över mitt insjövatten.
Och min lägenhet var omsorgsfullt förtöjd
i den privata sfären.

Ett flygplan hade störtat härinne.
Och passagerarnas ögon var stjärnor
som inte sörjde sin skönhet.

Allt det vackraste drev genom rummet.
En mycket märklig promenad
drev jag längst ner i mig.

Och högst uppe i gräset
vandrade korna snälla och korna vandrade snälla
djupt nere i hagen.

Då var larmet påslaget.
Och vattnet gick
i Huset som Gud glömde.

Jag var nästan som av notskrift.
Det var nästan som om du
funderade på att ringa till mig då.

I washed the sheets
until they smelled like apples.
Our bicycles were still in the basement.

I hung up a dress
and moved inside of it.
Almost like a musician.

And despair was resting over the water in my lake.
And my apartment was lovingly stretched
in the private sphere.

An airplane had crashed in here.
And the passengers' eyes were stars
who didn't mourn their beauty.

Everything that is most beautiful drifted through the room.
I had enforced a most strange walk
all the way down inside of me.

And all the way up in the grass
the cows wandered kindly and the cows wandered kindly
deep down in the pasture.

That's when the alarm got switched on.
And the pipes broke
in The House God had Forgotten.

I was almost like sheet music
It was almost as if you
were thinking of calling me then.

När mina upprörda spikskor plötsligt
förvandlades till skära tofflor
med kaninöron på.

Långt borta
mycket långt hemifrån
finns det någon som älskar mig
innerligt.

Och det är inte roligt
för jag skojar ju bara
fastän jag är så ledsen.

When my indignant nail-studded shoes suddenly
turned into pink slippers
with rabbit ears.

Far away
very far away from home
there's someone who loves me
sincerely.

And it's not funny
since I'm only kidding
even though I'm so sad.

Och fruarna, de dansar ju
de är ju musikaliska
och opererade
de kommer alltid att vara unga
för de dansar ju
de är ju musikaliska
och opererade.

And the wives, yes they're dancing
they're gifted musically
and they've been operated on
they'll always be young
since they're dancing
they're gifted musically
and they've been operated on.

Jag vill inte lämna denna världen.
Jag vill inte att denna världen ska lämna mig.
Vi lever i en demokrati.
Jag röstar för att de levande i denna världen
ska vägra lämna mig ifrån sig.
Om detta förslag avslås yrkar jag härmed
att förhandlingar omedelbart inleds
med ambassaden i Dödsriket.
Jag vill avtjäna straffet
i mitt fosterland.

I don't want to leave this world.
I don't want this world to leave me.
We live in a democracy.
I vote that those who are living in this world
must refuse to give me away.
If this suggestion is rejected I hereby claim
that the hearings immediately engage
the embassy of the Land of the Dead.
I would like to serve my punishment
in my native country.

Marie Lundquist

(1950–)

Lundquist, who for many years worked as a librarian, published her first collection of poetry, *I Walk Around and Gather My Garden Before Night*, in 1992. Since then, she has published five poetry collections, the most recent being *Book of the Dead* in 2008. She is a rare and deeply evocative poet who has made the prose poem her specialty. Adam Zagajewski has said, regarding the delicate nature of her work, that her poems have "the purity of the still-lifes of great masters. But in them, we hear the world tremble." In this case, all our translations are from a single collection, *A Simple Tale* (2005).

Hur målar man musiken? Man spiller ut färgens klang på marken framför jungfruns fötter. För den som vet att tyda hennes namn låter det som liljor från himlen. Om man ropar svarar hon med sången hon alltid sjungit för att blidka åtrån. Det var så musikerna kom till henne, flerstämmigt, för att röra vid hennes röst. Ännu bär de med sig tonerna ur hennes orgelpipor. Under brudens klänning bär hon en tröja av getragg för att behålla sin renhet. Nu sover hon skulpterad, inte som en död på rygg, utan som en ung flicka med benen uppdragna och tre yxhugg i nacken.

Tillägnad Cecilia, musikernas skyddshelgon

How do you paint music? You pour out the colors of the sound on the ground at the feet of the saint. For the one who knows, to decipher her name sounds like lilies from heaven. If you call out she answers with the song she has always been singing to appease her desire. That was how the musicians came to her, polyphonically, in order to touch her voice. They are still bringing along the tones from her organ-pipes. Below the bride's dress she is carrying a sweater of goat's wool to preserve her purity. Now she is sleeping as if sculpted, not like she's dead on her back but like a young girl with her legs drawn up and three ax-stabs in the neck.

In dedication to Cecilia, the patron saint of music

Ingen kommer att tro mig men det fanns en tid då en kvinna fick komplimanger för sina prerafaelitiska färger och ordet lycka uppenbarade sig som en liten inhägnad värme. I städernas utkanter anlades botaniska trädgårdar där poesins agenter arbetade i det tysta, och drömmen dräpte inte dikten trots att döden famlade efter den. Självmördarna gick genom koltrastdörren, ut till nektarinerna och smakade av allt vad natten rapporterar.

No one will believe me but there was a time when a woman received compliments for her Pre-Raphaelite colors and the word fortune appeared as a small, enclosed warmth. On the outskirts of the cities botanical gardens were constructed, where the agents of poetry quietly worked, and the dream did not slay poetry even though death fumbled after it. The suicides walked through the hermit thrush door, out to the nectarines, and tasted everything the night is reporting.

Vi tog oss igenom sommaren och de oregerliga samtalen. Vädret lekte i tagelhåret och små djur fastnade på tungan var gång jag öppnade munnen för att säga mitt namn. Ett lastfartyg ankrade upp på redden som en rostig släktberättelse, ett stycke saknad att karva ur. Ofrivilligt klirrar glaset mot mina tänder och slår an tonen för den fortsatta ouvertyren. Jag försöker se mig själv som ett ben i en större kropp. En sträng i ett underbart korus av röster, de dödas mjuksåpade klanger.

We made it through the summer and the unruly conversations. The weather played in my coarse hair and small creatures got stuck on the tongue every time I opened my mouth to utter my name. A cargo ship anchored at sea like a rusty family tale, a piece of absence to carve into. Involuntarily the glass clinks against my teeth and strikes up the tone for the continuing overture. I try to see myself as a bone in a larger body. A string in a wondrous chorus of voices, the softly scrubbed sounds of the dead.

Förr i tiden gick jag genom gatorna med regn i håret. I parkerna stod människorna stilla och omfamnade träden. Det går en rörelse genom bröstet, som av en hjort när den flyger genom gräset. Klövarna rakt in i hjärtats mjuka förmak. Kanske finns det en enkel berättelse, upplyst av sömnens svaga ljus. Jag hör mig själv tala, mina uppkörda axlar, min litenhet. Plötsligt är jag mindre än mitt namn.

In the past I walked through the streets with rain in my hair. In the parks the people stood still, embracing the trees. There is a movement through the chest, like a deer when it is flying through the grass. The hoofs go straight into the soft, atrial chamber. Perhaps there is a simple tale, lit by the soft light of sleep. I hear myself speak, my hunched shoulders, my smallness. Suddenly I am smaller than my name.

Jag har sett en kvinna förvandlas till trädgård och en trädgård bli alltmera kvinna. Jag har hört det mjuka fikonspråket som hennes tänder lämnat avtryck i. Jag har sett gränserna upphävas, det som förut var ett ansikte vänt utåt är nu en skål av terrakotta. Björklöv blåser in i munnen och raspar mot förkunnelsen. Jag vet att när jag doppar skrivarhanden i den gröna sorgen kommer den att svalkas. Hängande i trädens andning ärgas orden.

I have seen a woman transform into a garden and a garden become increasingly more of a woman. I have heard the soft language of figs in which her teeth have left marks. I have seen the borders repealed, that which previously was a face exposed is now a bowl of terra-cotta. Birch leaves are blown into the mouth and scrape against the sermon. I know that when I dip my writing hand in the green sorrow it will be cooled. Hanging from the breathing of the trees the words become coated with verdigris.

Jag såg min mor med ögon hoplödda av död och munnen liten,
svept kring språkets kärna. Minnet talar genom ett svart såll.
Om förutsättningen för allt liv: att hon rörde vid mig, penslade
min kropp med blickens mårdhår.

I saw my mother with her eyes soldered shut by death and her mouth small, wrapped around the core of speech. Memory speaking through a black sieve. Regarding the premise of all life: that she touched me, painted my body with the sable hair of her gaze.

I brist på berättelse bygger jag mina dikter av känslornas kitt. Jag skriver sakta och blint för att vänja ögat vid det mörka arvet. Små blyertsdroppar täcker papperet. Ett sorgdok nerfällt över orden. Mest liknar jag en kvinna som sitter i köket och viker honungspannkakor. En mor som aldrig bett om att få bli änka efter så många språk.

Lacking a story I build my poems out of the putty that is my feelings. I write slowly and blindly to acquaint the eye with its dark inheritance. Small graphite drops cover the paper. A veil folded over the words. Mostly I resemble a woman who sits in the kitchen folding pancakes made with honey. A mother who never asked to become a widow after that many languages.

Var det du som satt uppe och skrev i det svaga änkeljuset? Eller såg jag dig gå omkring under träden och pensla deras blad? Jag tänkte bara berätta om adjektivens lycka, hur den växer sig allt starkare med åren, och tacka dig för att du gick fram till mitt namn och rörde vid det.

Was it you who sat up writing in the faint, widowed light? Or did I see you wander around below the trees painting their leaves? I was only going to tell about the happiness of the adjectives, how it is growing stronger with the years, and thank you for walking up to my name and touching it.

Bruno K. Öijer

(1951–)

Öijer published his first collection *Song for Anarchism* in 1973 and has since published nine books of poetry. He is a hugely popular performer of his poems in Sweden. Initially inspired by the lyrics of Bob Dylan, Öijer subsequently carries forth a Dylanesque persona. However, his poems are by no means dependent on being performed. On the page, they are even more captivating and evocative in their innate and skillful lyrical and often surreal power. The first two translated poems are from the collection *Guillotine* (1981), the crowning point of his 1970s style. "Visitor" is from the first part of his *Trilogy* (1990), while the others are from Öijer's latest, the utterly remarkable and highly personal collection *Black Like Silver* (2008).

ELVAHUNDRAÅTTIOETT

för din skull ska vi säja
att det är år 1181
för din skull ska vi säja
att du står på en kall, dragig borggård
för din skull ska vi säja
att du ruskar himlen
tills stjärnorna ramlar ner
och slår gnistor vid dina skor
för din skull ska vi säja
att du föds igen
för din skull ska vi säja
att du står bakom våra caféstolar i kväll
för din skull ska vi säja
att du håller för våra ögon och ber oss
gissa vem det är

ELEVEN HUNDRED EIGHTY ONE

for your sake we should say
that it is year 1181
for your sake we should say
that you are standing on a cold, drafty castle courtyard
for your sake we should say
that you shake the sky
until the stars fall down
hitting your shoes with sparkles
for your sake we should say
that you will be born again
for your sake we should say
that you are standing behind our café chairs this evening
for your sake we should say
that you are covering our eyes with your hands asking us
to guess who it is

6:E VÅNINGEN

du fryser inte längre
du känner varken hunger eller törst
du tycker om ditt liv
du gick aldrig vilse på dina resor

jag låg här, hörde dej smyga
ut om nätterna, klä av
floden och
lägga vattnet bredvid din kropp

6TH FLOOR

you are no longer cold
you feel neither hunger nor thirst
you like your life
you never got lost on your travels

I lay here, heard you tiptoe
out during the nights, undress
the river and
place the water beside your body

BESÖKARE

jag fanns
jag kommer att finnas
och stanna till igen som en
besökare bland oss
zickzacklinjer av blixt
rann längs mina ärmar
jag bar en fågel vid mitt hår
som flög undan
varje gång någon kom för nära mej
och världen var ett torn
vindlande trappsteg av dygn
som blödde in i varandra

jag gick för mej själv
jag rörde inte vid det liv
andra öppnat och tagit av
när mina händer
var ett barns händer trevade dom
längs sidan av mitt huvud
och mitt huvud var spänt runt natt
där en stjärna ständigt föll
ur min mun kom regn
som en spröd och vilsen klang ur
en liten klocka av mässing

VISITOR

I existed
I was about to exist
and came to a stop like a
visitor among us
zigzag lines of lightning
pouring along my arms
I carried a bird by my hair
that flew off
each time someone came too close to me
and the world was a tower
dizzying steps of days and nights
that bled into one another

I walked alone
I did not touch that life
others had opened and helped themselves to
when my hands
were a child's hands they fumbled
along the side of my head
and my head spanned the night
where a star continually fell
out of my mouth rain emerged
like a brittle and deserted ringing from
a little clock made of brass

du andades
tätt mot fönsterrutan
och skrev med fingret
ristade in ditt namn i imman
strök sedan snabbt ut det igen
en gång
två gånger
tills du kände dej lugn
kände lyckan sakta krypa i dej

you breathed
right up against the windowpane
and with your finger wrote
carved your name in the vapor
then quickly erased it
once
twice
until you felt calm
felt your happiness slowly crawl into you

HÅLLA HONOM KVAR

kakelugnen
stod tyst och kall som en drottning
i sin långa vita klänning
och vaktade
härskade över rummet
med sitt enda mässingsöga
hon såg allt som hände
var tärningen rullat in under soffan
att en av färgkritorna var bruten på mitten
att portmonnän på bordet
var mager och nästan tom
hon såg och hörde allt och rörde inte en min
inte ens när nyårssnön
eller döden kom på besök
hon hörde den gamla väggtelefonen
ringa bredvid spegeln ute i hallen
hörde gråsparvarna krafsa mot fönsterblecket
hon hörde det svarta ångloket
dra sina godsvagnar runt rummet
rassla sej fram i kvällsmörkret
med sina små märklinögon höjda över mattan
och i drömmen
var allt så enkelt och självklart
jag hade utan att tänka efter
ringt upp min barndom
lyssnat till signalerna som gick fram
och när min mamma svarade
bad jag att få tala med mej själv
efter en lång paus
kom en sjuårig pojke till luren
och hans röst stack i mitt hjärta

HOLD HIM THERE

the tile oven
stood silent and cold like a queen
in her long white gown
and guarded
reigned over the room
with her single brass eye
she saw everything that occurred
where the die had rolled under the couch
that one of the crayons was broken in half
that the purse on the table
was thin and nearly empty
she saw and heard everything and never made a face
not even when new year's eve's snow
or death came to visit
she heard the old wall telephone
ring beside the mirror in the hallway
heard the sparrows scratching the windowsill
she heard the black steam engine
pull its freight around the room
rattle its way through the evening darkness
with its tiny lit eyes raised above the carpet
and in the dream
everything was obvious and simple
without thinking
I had phoned my childhood
listened to the dial tones that went through
and when my mom answered
I asked to speak to myself
after a long while
a seven year old boy took the receiver
and his voice pierced my heart

jag frågade hur allt var
jag sa att jag ofta tänkte på honom
och saknade honom
men jag måste ha avbrutit honom i leken
han verkade både upptagen och ointresserad
varje försök till samtal
möttes av en otålig tystnad
jag hörde honom stå och trampa mot korkmattan
inget jag sa eller frågade om
inget jag försökte berätta eller förklara
kunde hålla honom kvar

I asked how it all was
I said I often thought of him
and missed him
but I must have interrupted his playing
he seemed both preoccupied and disinterested
every attempt at conversation
was met with an impatient silence
I heard him shift his feet on the linoleum floor
nothing I said or asked about
nothing I tried to say or explain
could hold him there

SÅNGEN

skyfallet domnade bort
slutade att hamra mot fönsterluckorna
jag låg vaken i ett hotellrum i Siena
och lyssnade till avlägsna röster och skratt
hörde sången av kvinnoklackar försvinna
nerför dom smala gränderna
jag tänkte på att det här var din stad
jag tänkte på en höstkväll
när du och jag träffades långt härifrån
i vårt kalla efterblivna land
du höll i en bok
med Keats och Shelleys dikter
och verkade glad över att se mej
du hade lång otidsenlig klänning
och ett svart hår da Vinci kunde ha smekt
vi var knappast mer än tjugo år
och varför fick du inte leva
varför insåg jag inte hur kort ditt besök
skulle bli i den här världen

THE SONG

the downpour grew numb
stopped beating against the shutters
I lay awake in a hotel room in Siena
listening to distant voices and laughter
heard the song of the high heels of women vanish
down the narrow alleys
I thought about how this was your town
I thought about a night in autumn
when you and I met far from here
in our cold, backwards country
you were holding a book
of Keats's and Shelley's poems
and seemed happy to see me
you wore a long old-fashioned dress
and black hair da Vinci could have caressed
we were barely more than twenty years old
and why were you not allowed to live
why didn't I realize how short your visit
to this world would be

JAG LÅTSADES

du var inte där
och när jag låtsades röra vid ditt ansikte
skingrades det till vatten
och ljusreflexer över kudden
rummet hade redan
klätt om till en skogsglänta
där älvan satt
bakom sitt lilla gröna skrivbord
med utdragna lådor våta av dagg
hon hade förirrat sig in i bebodda trakter
och hetsad med gråt i ögonen
försökte hon
skriva sej hem igen i ett rasande tempo
bläckhornet fullt av blåbär låg omkullvält
ord och meningar
svävade och sprack kring hennes händer
som såpbubblor vinden fångat
och satt tänderna i

I PRETENDED

you were not there
and when I pretended to touch your face
it dissolved into water
and reflections of light on the pillow
the room had already
changed its clothes into a forest clearing
where the fairy sat
behind her small green desk
with the desk drawers pulled out and wet with dew
she had gone astray into inhabited areas
and flustered with tears in her eyes
she tried to
write herself back home again with furious speed
the ink stand full of blueberries had tipped over
words and sentences
hovered and burst around her hands
like soap bubbles the wind had caught
and bit into

BEVIS

inälvsmaten
det dagliga tuggandet
om vädret samhället och andra sjukdomar
har satt sej i våra gener
och hindrat sanningen att komma fram
som att man äntligen efter ett halvt sekel
hittat det försvunna flygplanet
det stod stilla i himlen
rostigt av regn snö och hagel
kring vingarna växte spindelväv
resväskor och kläder låg utspridda som moln

EVIDENCE

food of the intestine
the daily chewing
if the weather society and other illnesses
have lodged themselves in our genes
and kept the truth from being revealed
as if finally after half a century
they have found the lost airplane
it stood still in the heavens
rusty from rain snow and hail
around the wings spiderwebs were growing
suitcases and clothing lay scattered like clouds

VAR OCH EN AV OSS

jag sökte inte tröst hos någon
jag visste mycket väl
att det inte fanns någon tröst att få
var och en av oss är en ö
och måste kratta sitt eget mörker
ta hand om sin egen hjälplöshet
den stora fyren som lär ha funnits
har plundrats för länge sedan
varje människa bär omkring
på sin egen lilla ljusskärva
vilseleder sej själv och andra
hur långt och länge vi än reser
ser vi knappt ens handen framför oss
det enda rike som bestått genom årtusenden
är underjordens
och jag är ofta där
jag går längs gator som inte längre finns
sitter på caféer som är rivna och glömda
men det är samme gamle kypare
och jag känner för honom
han spelar sin roll ända till slutet
serverar mej och mina vänner det vin
vi alltid drack
och när vi skålar med varandra
skålar vi med dimma
för var och en av oss vet
att den andre inte finns
bara på den avlånga oljemålningen
som hänger längs väggen bakom oss
och föreställer en samling gestalter som
gripit tag om sina hjärtan

EACH AND EVERY ONE OF US

I didn't seek comfort from anyone
I very well knew
that there is no comfort to have
each and every one of us is an island
and must rake our own darkness
take care of our own helplessness
the large lighthouse that apparently existed
was ransacked a long time ago
every human being carries their own
little sliver of light
leading themselves and others astray
no matter how long and far we travel
we can barely see our own hand in front of us
the only kingdom that has lasted through the millennia
is the underworld
and I am often there
I walk along streets that no longer exist
sit in the cafés that are torn down and forgotten
but it is the same old waiter
and I feel for him
he is playing his part all the way until the end
serving me and my friends the wine
we always drank
and when we raise our glasses in a toast to each other
we toast with fog
because each and every one of us know
that we don't exist
only in the long and narrow oil painting
hanging on the wall behind us
and depicting a collection of characters that
have grabbed a hold of their hearts

och försiktigt lagt dom ifrån sej i gräset
den svarta iskalla floden i bakgrunden
hugger omkring sej
och väntar på att få komma loss
väntar på att få täcka over allt

and carefully placed them in the grass
the black, ice-cold river in the background
cutting around itself
and waiting to come undone
waiting to cover everything

FRAMME

till och med sjöarna utmed vägen
låg gråa och utmattade
efter flera veckors regn
men jag var äntligen framme
steg ur bilen med all packning
det gamla rödmålade huset
med tegelpannor och vedspis
kunde inte hålla sej
slet sej loss från skogsbrynet
och sprang emot mej med öppna armar
längs himlen
fanns bara tunna avlånga molnstrimmor
liknade bromssträckor från andar
som stannat till i luften
stumma av förvåning över vad dom såg

ARRIVED

even the lakes along the road
lay gray and exhausted
after several weeks of rain
but I had finally arrived
got out of the car with all my stuff
the old house painted red
with its tile roof and wood stove
could not contain itself
tore away from the edge of the wood
and ran towards me with open arms
along the sky
nothing but thin long streaks of clouds
like the tire marks from spirits
come to a stop in midair
startled into silence at what they saw

A BRIEF HISTORY OF
MODERN SWEDISH POETRY

Jonas Ellerström

The eight poets who we have selected for this anthology all possess highly distinctive lyrical voices and personae, as well as that central characteristic of great poetry, which is timelessness. At the same time, they naturally are part of and have influenced the rich Swedish poetic tradition of the 20th century, extending into the 21st century. If Edith Södergran was one of the first poets to utilize a modernist diction, baffling to the critics as well as to most of her contemporaries, she recognized both the early 19th-century writer Carl Jonas Love Almqvist (whose stunning novel *The Queen's Diadem* is available in a recent translation into English) and the turn-of-the-century poet Vilhelm Ekelund as predecessors.

Ekelund was one of the very first Swedish poets to make use of free verse, but his inspirations were mainly German romantic poets such as Friedrich Hölderlin and also classic Greek poets such as Sappho and Pindaros—these two representing the lyrical and the rhetorical poles within Greek poetry. Södergran, on the other hand, had encountered German expressionism as well as early Russian modernism during her formative years in St. Petersburg and in convalescent homes in Switzerland before the First World War. Her extraordinary importance and soon-to-be mythical status meant that Swedish-speaking Finland was the center of modernistic experiments until the advent of Gunnar Ekelöf with his mainly French and English influences.

Berlin had been the place to go for young Scandinavian writers at the end of the 19th and beginning of the 20th century. In the 1920s and 1930s, Paris also started to attract scores of writers looking for the excitement of European modernist movements within literature, art, and music. Ekelöf had inherited a small fortune from his father and spent some years aimlessly studying in London and Paris, all the while collecting material for his poetry, but lost all of his money in the European repercussions of the 1929 stock exchange slump. Hence his 1932 debut is multifaceted: an intensely personal collection, which he himself said was written in lieu of taking his own life, a radical introduction of surrealist diction to the still very traditional Swedish poetry climate, and a reflection of the depression that had hit Europe at large and which helped pave the way for the fascist and national socialist totalitarian movements and World War II.

Sweden stayed neutral through both world wars, but not outside of political traumas. Ekelöf was tempted to join the Spanish Government forces against Franco's army in the civil war of 1936 onwards, and another major poet of the 1930s, Harry Martinson (good translations available) fought alongside many other Swedish volunteers against the invading Russian armies in Finland in 1940–41. Swedish poetry of the Second World War and the postwar years is still marked more by the angst of living under threat and being unable to act than it is by direct experience of war. Poets like Erik Lindegren turned to dense, multilayered expressions of a troubled existence when neither the traditional forms nor the too-lighthearted facets of early modernism seemed to suffice. Werner Aspenström was schooled in this diction and became one of its prime exponents, but like Ekelöf, went on to find an even truer voice in more personal poems. While the restless Ekelöf needed several styles and personae, however, Aspenström was content to turn to everyday life and the perennial source of comfort, wonder and inspiration that is Swedish nature. It is no surprise that Ekelöf was born in the capital city of Stockholm and stayed a very urban personality, whereas Aspenström was born in the countryside in the province of Dalarna and, it is fair to say, stayed true to the landscape of his upbringing all his life.

The 1950s brought a new generation of poets, who had matured early in the convulsive 1940s—it has to be remembered that the Cold War and the nuclear threat was a constant presence also in neutral Sweden. Tomas Tranströmer is of the generation born in 1931 that could form the focus of a more specialized, less comprehensive poetry anthology any day, as well as the Finland-Swedish modernists of the 1920s. Tranströmer was twenty-three when he published his first collection with the austere title *17 Poems*, but had published single poems in magazines for half a dozen years (available in *Tomas Tranströmer's First Poems*, translated by Malena Mörling and with a commentary by Jonas Ellerström) and was already something of a celebrity among his Stockholm colleagues, many of whom had published their first books at the ages of seventeen and eighteen.

Tomas Tranströmer is in many ways representative of some key aspects of Swedish poetry of the 20th century, though at the same time almost inimitable and with no clear predecessors (except Ragnar Thoursie, one of the true masters of the 1940s). The exact metaphor, the intense relation to nature, the lack of rhetoric, and the keen interest in human conditions and the kind of politics that are not easily expressed in the too-simple form of current issues—all these factors could be said to form cornerstones of much of the best Swedish poetry of that age.

A study of the relation between Robert Bly and Tomas Tranströmer shows that the two friends and colleagues, to put it simply, influenced one another and spurred each other on. Both objected to the too-simplistic political poetry that characterized much of the Swedish output from the late 1960s and nearly a decade onward. While Tranströmer sought a way of uniting personal and political content, a younger poet like Bruno K. Öijer defiantly turned his back to the sloganeering and launched into a turbulent stream of whirling images and dreamlike states. The Bob Dylan of songs like "Mr. Tambourine Man" and "Like A Rolling Stone" was a deeply felt influence, but this was quickly transformed into a language all Öijer's own.

It took some time before Swedish poetry—apart from the underground, which was Öijer's and his comrades' domain— recovered from the reduction of lyricism into meaning. Göran Sonnevi (available in good translations) is a prime example (but one of the very few) of a deeply politically engaged Swedish poet who refused to compromise and simplify his poetical language. Another is Kristina Lugn, whose poetry has deeper roots than the radical era. Her wry, sarcastic comments on the state of women and human beings in general in our all-too-modern, depersonalized society has a predecessor not only in Sonja Åkesson's poetry of the 1950s and 1960s, but in the still remarkably biting and timeless poems of Anna Maria Lenngren of the late 18th century. A member of the Swedish Academy since 2007, Lugn's poetry has not lost anything of its edge; she is also a dramatist worthy of international recognition.

There has often been a regrettable lack of communication between Sweden and Swedish-speaking Finland, and from time to time the remarkably rich poetical output of such a small minority has had to be rediscovered. Tua Forsström was a well-known name in Finland all too long before she was noticed by Swedish critics and readers, but time has been on her side. Forsström's slow, sure development stands in stark contrast to Edith Södergran's fiery trajectory as a poet, but there is an obvious affinity between the two that is very little affected by the amount of years that separate them.

From the beginning of the 1980s, new influences began to be felt in Swedish poetry. German late modernist poet Paul Celan's radical paring-down of language and avoidance of traditional metaphors proved an almost too tempting example for many, while poststructuralist theory and postmodern poetical praxis— to a large extent North American language poetry—has stayed the major stylistic pattern for close to three decades now, though not without being hotly contested by a minority group who want to find a fresh source of energy in premodernist European poetry. Katarina Frostenson is one of the most influential poets of this stage, and has an impressive body of work behind her. Like so many of her contemporary colleagues and followers, though, her poems are quite difficult to translate, due to their observance of sound-patterns and their emphasis on associations born out of the sound as well as of the meaning of words.

Much like Bruno K. Öijer in the 1970s, though without his gestures, Marie Lundquist has stayed quietly undefinable and outside of recognized literary groups and stylistic formations. Her prose poems show a fine self-sufficiency and in many ways she is by her diction and her refusal to substitute linguistics for human interest, a modern classicist. Also, she proves that there is room for more than one trend at any given time, even within a naturally limited field such as Swedish poetry. What will follow in the decades to come is very much an open question, and literary scholars and historians will have a hard time keeping track of everything that happens outside of the traditional media of books and magazines. Despite stylistic changes, revolutions and counter-revolutions, what remains is a remarkably strong poetical tradition within this small Scandinavian country that is Sweden. Nobel Prize winner Tomas Tranströmer may be its prime exponent today, and rightly so, but he is part of this larger body, and very much aware of it. This anthology aims at giving an American audience the possibility of becoming more acquainted with it, too.

We would like to acknowledge and warmly thank the editors of the following journals in which our translations of some of the poems first appeared, sometimes in different versions:

Electronic Poetry Review: Tomas Tranströmer: "April and Silence," "The Cuckoo," "Landscape with Suns," "Grief Gondola #2"
Field: Tomas Tranströmer: "Nocturne"
Guernica: Marie Lundquist: "I have seen a woman transform..."
Little Star: Marie Lundquist: "In the past I walked..."
Poetry International (as part of a Swedish Poetry Feature):
Edith Södergran: "On Foot I Wandered through the Solar Systems," "Vierge Moderne," "The Trees of My Childhood," "The Moon"
Gunnar Ekelöf: "Euphoria," "Poetics," and "Voices below Ground"
Werner Aspenström: "The Sunday," "You and I and the World," "A Moment at the Pizzeria"
Tomas Tranströmer: "Grief Gondola #2"
Bruno K. Öijer: "The Song," "I Pretended," "Evidence"
Kristina Lugn: "There are lots of women my age," "I washed the sheets," "And the wives, yes they're dancing"
Talisman: Kristina Lugn: "I am a very diligent writer of letters," "Don't moan!" "The nights have become bigger"
Tigerburning: Edith Södergran: "Nothing"

We would also like to thank Agneta Rahikainen, Director of Programs at The Society of Swedish Literature in Finland for her guidance and expertise on the life and work of Edith Södergran.

Malena Mörling would also like to thank FILI (Finish Literature Exchange) for a travel stipend that allowed her time in the Edith Södergran archive at The Society of Swedish Literature in Finland.

We would also like to extend warm thanks to Elisabeth Mansén, and Malena would like to warmly thank Lyn Cavataio, James Brooks, Robert Hass, Nancy Mitchell, Teresa and George Bland, Lotta Olin, Torgny Wärn, Ulf and Birgit Mörling, Johanna Ekelund, Anita and Peter Doyle, Elena Brady, Carlo, Massimo, Samuel and William Brady.

In addition, we would like to thank Ilya Kaminsky and Beth Allen, the Harriet Monroe Poetry Institute, and The Poetry Foundation.

Finally, Malena would like to give a special thanks to The John Simon Guggenheim Foundation and to The Lannan Foundation for their generosity and invaluable support.

Malena Mörling was born in Stockholm, Sweden in 1965. She is the author of two books of poems: *Ocean Avenue* and *Astoria*. With Jonas Ellerström, she is editing *Swedish Writers On Writing*, an anthology that will be part of The Writers' World Series from Trinity University Press. Their translation of Philip Levine's collection of poems *1933* was published in Sweden in 2011. Her translations of Tomas Tranströmer's poems are included in his collection, *For The Living and the Dead*, and she has translated two chapbooks of his work, *Tomas Tranströmer's First Poems* and *Prison: Nine Haiku*, both published by Tavern Books. In 2007 she received a Guggenheim Fellowship and in 2010 a Lannan Literary Fellowship. In addition to being Core-Faculty in the Low-Residency MFA program at New England College, she is an Associate Professor at University of North Carolina, Wilmington.

Jonas Ellerström was born in Sweden in 1958. He is a writer, art critic, translator, and a publisher. He has published poetry collections, essays, a book of blues aphorisms, and a book on chess. His translations into Swedish include T. S. Eliot's *The Waste Land*, Arthur Rimbaud's *Une Saison en Enfer*, a selection of William Blake's prophetic writings, Laura Riding's *The Life of the Dead* and five volumes of poetry and essays by Les Murray. With Malena Mörling, he has translated Philip Levine's collection *1933*, and in 2010 edited a special Swedish section in *Poetry International*. He has twice received the Karin and Karl Ragnar Gierow Prize from the Swedish Academy.

POETRY

FOUNDATION

The Star by My Head: Poets from Sweden is part of a collaboration with the Poets in the World series created by the Poetry Foundation's Harriet Monroe Poetry Institute. The Poets in the World series supports research and publication of poetry and poetics from around the world and highlights the importance of creating a space for poetry in local communities.

The Harriet Monroe Poetry Institute is an independent forum created by the Poetry Foundation to provide a space in which fresh thinking about poetry, in both its intellectual and practical needs, can flourish free of allegiances other than to the best ideas. The Institute convenes leading poets, scholars, publishers, educators, and other thinkers from inside and outside the poetry world to address issues of importance to the art form of poetry and to identify and champion solutions for the benefit of the art. For more information, please visit www.poetryfoundation.org/institute.

The Poetry Foundation, publisher of Poetry magazine, is an independent literary organization committed to a vigorous presence for poetry in our culture. It exists to discover and celebrate the best poetry and to place it before the largest possible audience. The Poetry Foundation seeks to be a leader in shaping a receptive climate for poetry by developing new audiences, creating new avenues for delivery, and encouraging new kinds of poetry through innovative partnerships, prizes, and programs. For more information, please visit www.poetryfoundation.org.

POETRY
FOUNDATION

HARRIET MONROE POETRY INSTITUTE

Poets in the World series

Publications

· · · · ·

Ilya Kaminsky, 2011-2013, HMPI director
Poets in the World series editor

Another English: Anglophone Poems from Around the World, edited by
Catherine Barnett and Tiphanie Yanique (Tupelo Press)

Elsewhere, edited by Eliot Weinberger (Open Letter Books)

Fifteen Iraqi Poets, edited by Dunya Mikhail
(New Directions Publishing)

"Landays: Poetry of Afghan Women" edited by Eliza Griswold
(*Poetry* magazine, June 2013)

New Cathay: Contemporary Chinese Poetry,
edited by Ming Di (Tupelo Press)

Open the Door: How to Excite Young People about Poetry,
edited by Dorothea Lasky, Dominic Luxford,
and Jesse Nathan (McSweeney's)

Pinholes in the Night: Essential Poems from Latin America, edited by
Raúl Zurita and Forrest Gander (Copper Canyon Press)

Seven New Generation African Poets,
edited by Kwame Dawes and Chris Abani (Slapering Hol Press)

Something Indecent: Poems Recommended by Eastern European Poets,
edited by Valzhyna Mort (Red Hen Press)

The Star by My Head: Poets from Sweden, co-edited and translated
by Malena Mörling and Jonas Ellerström (Milkweed Editions)

The Strangest of Theatres: Poets Writing Across Borders, edited by
Jared Hawkley, Susan Rich, and Brian Turner (McSweeney's)

Katharine Coles, HMPI inaugural director

Blueprints: Bringing Poetry into Communities,
edited by Katharine Coles (University of Utah Press)

Code of Best Practices in Fair Use for Poetry, created with
American University's Center for Social Media
and Washington College of Law

Poetry and New Media: A Users' Guide, report of the Poetry and
New Media Working Group (Harriet Monroe Poetry Institute)

Interior design and typesetting by Mayfly Design
Typeset in Vendetta Light